JN087276

超 コーチング式 英会話上達法

英語学習・メンタルコーチ

船橋由紀子

アルク

はじめに

「学習が続かない」という悩みを解決

この本は、**英会話の学習を「うまく続ける」ための秘訣（ひけつ）が書かれた本**です。

世の中の「3大 続かない習慣」は「早起き」「ダイエット」「片付け」だそうですが、実は、その後に続く4番目が「語学の勉強」なのだそうです。そんな不名誉なランキングの上位に名を連ねてしまうほど、英語をはじめとする語学学習の継続は、多くの人にとって悩みの種になっています。

しかし英会話学習は、難しいとされる「続けること」が何よりも大事。なぜなら、続けられなければ、いつまでたっても話せるようにはならないからです。それは、私が指導してきた多くの人々の体験や実績からも明らかです。

だからこそ、何か自分にもできるような、「続ける」ためのいい方法がどこかにないものだろうか……と、あちこち探し回っている皆さん。この本は、まさにそんな皆さんのための本です。

「やる気が出ない…」「上達している気がしない…」「きっと途中で挫折する…」──だから**「続かない」という皆さんの悩みを、私が4000人以上の方々をコーチングしてきた経験に基づくとっておき**

<u>のメソッドで解決します。</u>

コーチング英会話スクールから学んだこと

近年流行している「コーチング英会話スクール」をご存じですか。いったいどんなサービスを提供しているのでしょうか?

それは、ひと言で言ってしまえば "強制" です。スクールが提供している "強制" は、次のように考えるとわかりやすいと思います。

まず、内容・やり方・分量を指定します。
What ―何を（例:『〇〇〇〇』という書籍の英文の暗記を）
How ―どのように（例:5つのステップに分けて定めた手順に従って）
How long/many ―どれだけ（例:1日30分間、見開き6ページずつ）

そして、日々の学習時間・場所も細かく指定します。
When ―いつ（例:脳が活動的な朝の時間を使って）
Where ―どこで?（例:声出しできる場所を確保して）

さらには、「実際にどれだけ勉強したか?」も徹底的に管理します。

"強制" には、ネガティブなイメージがあるかもしれません。しかし、さまざまな学習方法が氾濫する中で、迷ってばかりでなかなか続けられない人にとっては、"強制" は大きな価値があるとも言えます。学習者は、その "強制" のおかげで「迷い」というリスクを排除し、「あとはやるだけ」という環境を手に入れられるからです。

私もかつて、この「短期間で大量に勉強させる」タイプのコーチング系英会話スクールに受講生として通っていました。そこで、それまでは挫折しまくっていた英会話学習が「続けられた！　成績も伸びた！」という実感を手にすることができたのです。

　英会話の2カ月コースを卒業した後は、同じスクールのTOEICスコアアップメソッドを書籍で実践。TOEIC700点台から、2カ月で920点までアップさせました。そしてその後、同じスクールにコーチとして勤務する機会を頂きました。2010年4月のことです。

　ところが、そこから7年間、たくさんの学習者と出会い、指導する中で、いくつかのモヤモヤする思いを持つようになりました。

　1つは「スクールを卒業した学習者は、"燃え尽きて"いるのではないか？」と気になったことです。

　指導していた自分が言うのもどうかと思いますが、「卒業生の何割かは学習を継続していないのではないか」と心配になったのです。学習者が「2カ月間全力でがんばった！」という充実感や達成感を得られるように指導したという自負はありました。しかしその一方で、スクールをやめたら緊張の糸が切れて学習をやめてしまう、受講生の「燃え尽き症候群」状態を生み出しているのではないだろうか……という不安もありました。

　もう1つは「私が指導している学習法に乗り切れていない人たちが何割かいるのでは？」という戸惑いです。

　例えば、英文の暗記をするトレーニングは、「とにかく徹底的に反復をすること」とされています。「脳は積極的に記憶を忘れようとする」という研究があるくらいで、相当な努力をしないと記憶は維持されないからです。しかし「本当は、英文の暗記なんてつまらないからやりたくない」という人も、少なからず存在します。そういう受講生は、納得せずに嫌々取り組んでいるため、なかなか学習効果が上がらないという現実がありました。当時は「サボると学習効果が落ちてしまうので、とにかくやってください‼」と押し付けるような指導をしていましたが、いまでは、別のアプローチもあったはずだと反省しています。

　もちろん決められた期間に集中的に学習し、英語力をグンと伸ばすことには大きな価値があります。しかし私自身、学習者を指導しながら、だんだん「指導者がいなくても、学習者自身がサステイナブル（持続可能）に英語学習を続けられるようにするには何が必要なのだろうか？」ということに興味を持つようになっていきました。

　私がスクールで教えた経験から間違いなく言えるのは、**「人には個性があり、好みがあり、タイプがある」**ということです。だとすれば、全員に同じ学習法を「押し付ける」のではなく、それぞれのタイプに合った学習法で指導できないものだろうか、と悩む日々が続きました。

　そんな中、ある方に学習コーチングをする機会がありました。その方（Aさん）は、地方の研究施設にお勤めで、海外出張に備えて英会話のスキルを上げたいと考えていらっしゃいました。コーチングを始める際、「これまでどんな英語学習がうまくいきましたか？」と尋ねたところ、Aさんは「○○という教材をずっと車で聞き流していたら、英語が

聞き取りやすくなって、フレーズをちょっとしゃべれるようになりました」とおっしゃったのです。

　当時の私は、勤務先のスクールのメソッドである「英会話習得は、しゃべるための部品（フレーズや単語）をインプット（暗記）することからスタートすべき」と信じ込んでいました。ですから、その答えには本当にびっくりしました。「えっ、聞き流すだけで本当に英語力が伸びるの？」と心がざわつくとともに、当たり前のことに気づかされたのです。それは、

さまざまな人に合ったさまざまな学習法がある。ただし、それは「続けられる」ものでなければならない

ということです。Aさんにとっては、車で聞き流すことが唯一続けられた学習法であり、その学習法によって実際に効果が上がっていたのです。

学習の継続と成功に欠かせない2つの要素

　このような体験を経て、私は英語学習コーチングに加えて、「学習者1人1人のことをより深く理解できるようになりたい」という理由でスクールを退職し、メンタルコーチングの資格を取得しました。その後、自由な立場になって、「それぞれの人に合ったサステイナブルな学習スタイル」の模索を続けて、行き着いた結論があります。

　それは、**英語学習の継続と成功には、2つの要素が必要である、**

ということです。

　1つは、**科学的に正しい学習法を実践すること**。英語の習得には、研究成果に裏打ちされた「このように学ぶと、より効果が高い」という理論があります。それをベースに勉強法を組み立てることによって、より短期間で効果的に英会話力が向上します。

　もう1つ欠かせないのが、**学習者が自分自身を深く理解すること**。この「自分を理解すること」は、さらに2つの要素に分けることができます。それは「やる気の源ともなる、**学習への想い**」と「自分の**性格のタイプ**」です。

　これらは、あなたが前向きになって学習を継続するための要素となります。詳しくは本文で説明します。

コーチング×タイプ別勉強法で、最高の成果を出す

　私は帰国子女ではありませんし、通訳や翻訳者でもありません。私より英語力の高い指導者はたくさんいらっしゃいます。ただ私は、学習者の英語学習に対する強い想いや、学習者の個性を見極めながら指導することを、いままで何よりも大事にしてきました。4000人の英語学習を指導し、コーチングする中で、それぞれの人のタイプを踏まえて学習を進めると成果が上がりやすくなることを実感してきました。

　いまでは、学習継続と成功のために、①**4000人以上の学習者へのコーチ活動から得たノウハウ**、②**科学的に正しい学習法**、③**本人の性格タイプの活用**、この3つをかけ合わせた英語学習コーチングを行っています。そのメソッドを自分で実践する方法を示したのが本書です。

幸いなことに、私がサポートした学習者の方々は英語学習を「続けられる人」へと成長し、身につけた英語力をもとに昇進・転職といったキャリアアップや資格試験での目標を実現するだけでなく、「自信」という大きな財産を手に入れました。

　この本に従って学習を進めていけば、**高額のコーチング英会話スクールに通わなくても、あなた自身で学習を継続し、英語力や英会話力を伸ばすことが十分可能**になります。いま学習を導いてくれる先生やコーチがいないあなたも、安心してください。この本を通じて私がサポートしていきます。

　なお、本書は、中学校レベルの英語教育を受けており、TOEICでは400点〜800点相当の能力があるものの、英会話の学習で悩んでいるという皆さんのお役に立てる内容になっています。

　この本と一緒に、今度こそ英語学習を継続できるようになり、英語をしゃべれる自分を手に入れましょう。

船橋由紀子（英語学習コーチ）

【無料】特典 Excel シートの入手方法

　本書で取り上げる各種「セルフコーチングシート」や「学習計画カレンダー」などを自分仕様にアレンジ・書き込みできる Excel シートが無料でダウンロードできます。ぜひ、活用してください。

特典 Excel シートの内容

ダウンロードの手順

　パソコンから以下のサイトで、本書の商品コード7020057で検索してください。

アルクのダウンロードセンター　https://www.alc.co.jp/dl/

第 1 章

セルフコーチングⅠ
「やる気」と「気づき」

「セルフコーチング」という新しい
英語学習のかたちを提案します。
本書の問いに答えながら自分をコ
ーチングすることで得られる、「や
る気」と「気づき」の重要性を説明
します。

「英語学習コーチング」とは?

　改めまして、初めまして!　英語学習コーチの船橋由紀子といいます。この本は、私のコーチ活動のノウハウを凝縮し、あなたがあなた自身のコーチとして学習を進めていただけるようにするために執筆しました。

　「自分で自分をコーチングするなんてできるのだろうか」と心配になったあなた、大丈夫です!　この本を読み進めていくことで自分をコーチングできるよう、私がわかりやすくリードいたします。

　これまでに「英語学習コーチング」あるいは「英語コーチング」「英会話コーチング」といった言葉を聞いたことがあるでしょうか?「コーチング」の意味を正確に理解していただくために、「コーチ」の意味から説明しておきましょう。

　コーチは、「学習者(クライアント)が目指す目的地まで、なるべく早く効率良く到着するための並走者」です。先生のように教えることが主たる役割ではありません。**学習者自身に変化や成長を促し、何らかの成果にたどり着くまでの一連の行程をサポートする存在**です。

　"coach"はもともと「大型の四輪馬車」のことです。馬車のように「歩くよりも速く目的地に到達するための役割を果たす人」という意味で、コーチという「職業名」としても使われるようになりました。

　「英語学習コーチング」では、そのコーチが、学習者の目標や目的に合った効果的な方法で、英語学習に特化した指導をします。

　上で「先生のように教えることが主たる役割ではない」と書きました

14

が、大事なのは、ちゃんと目的地に到達すること。ですから**「英語そのものを教える」**ことよりも**「学び方を教える」ことが主**になります。効果的な練習メニューを組んだり、悩める選手にアドバイスをしたりするという意味では、スポーツのコーチと同じ役割を果たすと言ってもいいでしょう。

「英語学習コーチング」では、うまく英語力を伸ばせるよう、よく**「PDCAサイクル」**という手法を利用します。PDCAサイクルとは、Plan（計画）→ Do（実行）→ Check（評価）→ Action（改善）を繰り返し、効率や品質を改善していく循環過程です。

コーチは効果的な計画（Plan）の立て方や効率的な実行（Do）の仕方をアドバイスし、学習効果の測定・評価を行い（Check）、改善ポイントを探していく（Action）お手伝いをしながら、学習者が無事に目標を達成するまでサポートしていきます。

成功ポイント ①「やる気」と ②「気づき」

英語学習コーチとして活動する上で、私が大事にしている2つの要素があります。

1つは、**学習者の「やる気」の火を絶やさないこと。**もう1つは、**学習者が「気づき」を得られるよう導き続けること**です。

まずは**「やる気」**です。

「やる気」が途切れることなく続く状態は、「やらなければいけないとわかっているのに、なかなか続かない」という経験をしたことのある

人にとって、望ましいけれどなかなか得難い状態なのではないでしょうか。英語学習コーチは、学習者の「やる気の火を絶やさせないプロ」でなければならないと考えています。

「やる気」とは、実にいろいろなものでできあがっています。
「英語を話したい！」という想い。「しなければ……」という義務感。「話せた！」という成功体験や、かつてはできたという過去のうれしい経験、誰かと一緒に学ぶことの楽しさも、「やる気」を作っているでしょう。

　時には、できない自分に腹が立つ悔しさも、「やる気」の源となります。

　実は、「気合」や最初の「勢い」、あるいは「強制」で学習意欲を無理にキープするよりも、上記のような観点から学習者の心に薪がくべられることで、徐々に「自らやる」自走者に変わっていく方が、学習を継続できるのです。

　また、私は日頃から、学習者の性格や学習者が置かれている状況に応じて、それぞれの方に合うと思われる学習法を提案しています。その方が学習者の「やる気」を高めることができるからです。本書でも、第4章・第5章で、「やる気」にプラスの影響を与える「自分の性格タイプに合った学習法」を提案しています。

　もう1つ大事にしているのが「気づき」です。
「気づき」とは、それまで見落としていたことを「発見」するような感覚です。

　「気づき」はより多くあった方が、学習をより良いものにしようとする機会が増えます。ですからコーチングでは、学習者がたくさんの「気づき」を得られるためにさまざまな問いを投げかけます。あわせて「PDCAサイクル」の中のCheck（評価）やAction（改善）の段階も、多くの「気づき」が生まれることから学習に取り入れています。

　学習をする中で多くの人がぶつかってしまうのが、学習者本人だけでは（特に最初は）気づけない「盲点」という壁です。例えば、「いい感じ！」と思って取り組んでいるのに、実は定着していなかったということが起こります。逆に「できていない……」と思っていたけれど、実はできていた。こんなことがよく起きます。

　これは、思い込みや性格のクセによって、1人では正確な効果測定ができていないときがあるからです。そうなると、学習者はどうしたらいいかわからなくなってしまいます。

　そんなときに、客観的な視点からフィードバックをしてあげるのもコーチの重要な役目です。ここでいうフィードバックとは、目標達成に向けて、本人が気づいていない点を指摘してあげたり評価したりすることを指します。

　適切なフィードバックができるよう、コーチは学習者が「どういう人か」を理解しようとします。その上で、しっかりフィードバックし、サポートをするのです。それにより学習者自身も自己理解が進み、自ら適切な気づきが得られるようになります。

自分自身のコーチになる!

　なぜ、私は前項で、「英語学習コーチとして大事にしていること」を学習者であるあなたにお伝えしたのでしょうか?　その理由は「**あなたが、あなた自身の良きコーチになる**」ためです。そして、「自分自身の良きコーチになる」ことが、英語学習を成功させるのに何よりも大事だからです。

　このように、自分で自分にコーチングすることを「**セルフコーチング**」といいます。

　「自分で自分のコーチをするって、どうしたらいいの?」と思う人もいるでしょう。その答えとして、本書では、英語学習の各場面で「問い」をたくさん載せています。

　本書に沿って、それらの「問い」を自分に投げかけることで、自分の「やる気」の火を絶やさずにいることができます。また、「問い」に答えることで、あなたの課題や弱点に「気づく」ことができます。そうすることで、セルフコーチングが可能になり、あなたの英語学習は必ず軌道に乗っていきます。

　そして、何よりもあなたに大事にしていただきたいのは、「**あなた自身の可能性を信じる**」ことです。**実はこれこそが、自分自身のコーチになる最大の秘訣**です。

　本書を読み進めていただければ、自分の可能性を信じられるようになる方法がわかります。

　1つ具体例を紹介しましょう。

　私がコーチングをしていた方でMさんという20代の男性がいます。Mさんは3カ月後に海外部署へ異動することが決まっていましたが、英語には大学受験以来まったく触れていませんでした。

　そこで、慌てて私に連絡をくださいました。TOEICのスコアは当時500点台でした。

　いざ、英語学習を開始。最初のうちは、私にお尻を叩かれるようにして勉強していました。

　3カ月のコーチング期間の半ばが過ぎた頃、私はMさんに「**自分を励ましてくれるスローガンを作ろう!**」と提案しました。その結果できあがったのが、以下の3つです。

自分を励ますスローガン

1. 今日よりもっと良い明日は自分の手で創る
2. やる未来 / やらない未来を想像して選択する
3. まずはプラス1点の積み重ね

　Mさんには、このスローガンを毎日見返しながら、勉強を進めるようにお願いしました。

　すると、変化が起きたのです。Mさんは、自分で考えたスローガンを見ながら「やらないよりはやろう!」と思えるようになりました。そうすると、「今日も積み上がった」と自分の成長を認められるようになっていったのです。

　学習時間は、平日1日3時間・週末は1日10時間ほどになりましたが、これはMさん自身が決めたことです。しかも、海外部署への異動までの期日が迫っていたため、英会話の勉強とTOEICのための学

習の両方を続けたのです。

　以下は、Mさんから送られてきた、ある日の勉強の報告です。

・・

〈今日やったこと〉

● 単語30分 : 高速に確認しまくってます！

● シャドーイング60分 : TOEIC Part 3の教材の内容が聞き取れるし、英文に合わせて声を出すのもできている気がしてきた。成長しているという実感がやる気にさせる。

（シャドーイングについてはp. 108参照）

● TOEIC Part 5 60分 : 苦手なので、長くやらずに30分の時間を2回作って同じ範囲をやった。

● 英文暗記15分 : ご飯を食べながらと、トイレで。

● 英会話30分 : 「しゃべれるかも！」という自信をつけるため、簡単なテーマのニュースを選んだ。楽しみながらできている、明日もやる。

● 今日は何点？

（10点満点で）8点だった！　カフェ・自宅・移動・トイレ……など、いろいろな場所を活用して勉強できました。勉強後のケーキを自分へのごほうびとしました。結構がんばりました。始めてしまえばやれるもんです。ということでさっさと寝てまた翌朝からやります。おやすみなさい！

　後悔のないよう、未来を見据えて取り組みます。

（自分に点数をつける「スケーリング」についてはp. 176参照）

・・

　3カ月のコーチング期間が終わり、MさんのTOEICの点数は500点から800点になりました。その後、海外部署へ異動し、無事に初め

ての海外出張に向かったMさんから、大きな目標を達成できた喜び
でいっぱいの連絡をいただきました。

　Mさんは、ここで紹介したスローガンをいまでも日々の仕事の振り
返りに活用しているそうです。

　さて、Mさんの例で、学習の後押しをしたのは自作のスローガンで
した。しかし、私もコーチとしてサポートしていましたから、Mさんは
完全にセルフコーチングをしたわけではありません。

　ただ、スローガンが「問い」の役割を果たし、自分を信じ、可能性を
伸ばしていったことは間違いありません。

　Mさんの成功体験には「自分を励ますスローガン」を掲げたり、ス
ケーリングを上手に活用したりするなど、本書でお伝えしていくことの
エッセンスが詰まっています。

本書の学習プランは3カ月、1日の勉強時間は90分

　本書では3カ月間で学ぶことを基本単位として、学習の仕方を紹介
しています。もちろん、その後も英語学習を継続しなければ英語力は
それ以上は伸びていきません。ですから、「3カ月の学習プランを終了
したら終わり」ということではありません。その先も続けていくことが
大事です。

　それなのに、本書では3カ月を1つの区切りと考え、また1日の勉強
時間は90分を目安として、学習プランを紹介しているのはなぜか？
3カ月間が「レベルアップ」と「習慣化」の両方を達成できる期間である

からです。

　まず、「レベルアップ」の方から説明しましょう。1日90分の学習を90日（3カ月）間続けると135時間になります（90分×30日×3カ月＝8100分＝135時間）。これだけの時間、やり方を間違わずに学習を継続することができれば、「1つ上のレベルに行けた」と実感できるはずです。それは私がこれまでにサポートした学習者の方々を見てもわかります。

　私が指導した人たちを見ると、1カ月ほどで英語力の伸びが出る人もいれば、2カ月ほどかかる人もいました。そうした個人差はありますが、3カ月間継続すると、9割以上の方に成長が見られました。

　次に「習慣化」に関して説明しておきましょう。一説によると、「勉強・片付け」といった「行動習慣」と呼ばれるものは、約1カ月で習慣化するのに対して、「ダイエット・早起き・運動」など「身体習慣」と呼ばれるものは、習慣化するのに約3カ月かかるそうです。

　英語学習は「行動習慣」に該当すると思われますが、実際のところは「身体習慣」も大いに影響しています。

　「気合で勉強する」というのではなく、まさに英語学習が身体的習慣として確立される（文字通り「身につく」）。それが、3カ月間を一区切りとする理由です。その先につながり、英語学習を習慣として「続けられる」ようになるのが3カ月という期間なのです。

第 2 章

セルフコーチングⅡ 「GROW」と「科学的学習法」

コーチングの定番手法「GROW モデル」で、自分の「現状」を知り、「目標」を設定し、学習への「想い」を明らかにします。また、本書で採用している「科学的に正しい学習法」の特長も説明します。

成功ポイント③ 「GROW モデル」の活用

　英語学習に限りませんが、コーチングを通じて目標達成を促進する際に活用されるフレームワークに「GROW モデル」があります。英語力のアップは目標達成の一種でもあることから、英語学習コーチングでもこの GROW モデルは有効に働きます。

　本書も「GROW モデル」をベースにした作りになっているので、ここで簡単に説明しておきましょう。

　grow はご存じの通り、「育つ、成長する」という意味の英単語です。しかしここで言う GROW とは、目標達成に必要な要素を頭文字で表したものです。

　以下をご覧ください。

G：Goal　目標
R：Reality　現状
O：Options　選択肢
W：5W1H　行動計画と
　　　Will　意志・意欲

　次に、英語学習コーチングでは GROW モデルがどのように活用されるかを紹介します。

　まず、**目標（Goal）**を立てるのと同時に、**現状（Reality）**を明らかにします。すると、現状から目標に到達するために、「必要なもの」が見えてきます。

　例えば、

目標（Goal）：年末までに、英語での電話の取り次ぎができるようになる。
現状（Reality）：対面した相手とはなんとか話せるが、電話英語のフ
　　　　　　　　レーズがわからない。リスニングに不安がある。

　であれば、必要なものはリスニング力のアップ、電話英語の表現を
習得することなどでしょう。
　次に、現状から目標に到達するための**選択肢（Options）**を検討し
ます。「-s」と複数形になっているように、この選択肢にはいくつもの
方法が考えられます。
　例えば、「英会話スクールに通う」「独学で勉強する」「オンライン英
会話を使う」「電話英語の教材でリスニングする」などの選択肢
（Options）があるでしょう。
　最後に、選択肢（Options）の中から最適なものを選び、「いつ、ど
こで、何をする」という具体的な**行動計画（5W1H＝When、Where、
Who、What、Why、How）**に落とし込みます。
　例えば、「電話英語フレーズの暗記」を、行きの通勤時間に取り組む
と決めます。同様に、
電話英語フレーズのリスニング→帰りの通勤時間
オンライン英会話で実践練習にトライ→週末に
　などと計画します。
　矢印の左が選択肢（Options）の中から選んだもの、右が行動計画
（5W1H）です。
　あわせて、目標を達成するために、「本当にやりたいか？」「やれそ
うか？」という**意志・意欲（Will）**を確認し、行動を促します（コーチが

学習者に指導する場合は、学習者の意志・意欲［Will］を確認します。1人で GROW モデルを実行する場合は、自分自身の意志・意欲［Will］を確認します）。

　この GROW モデルを活用してコーチングをする際、目標（Goal）、現状（Reality）、選択肢（Options）、行動計画（5W1H）までは明らかにできるのですが、そこで終わってしまうことが多いのです。実は肝心なのは意志・意欲（Will）であり、やりたいという想いが不足していると、せっかくの GROW モデルが絵に描いた餅に終わってしまいます。

　そうなると、まさに英語学習が「続かない」という状況になります。

　こうした状態に陥らないよう、本書では意志・意欲（Will）を重視します。そして、意志・意欲（Will）を突き詰めて、**「何のために英語を勉強するのか」という「想い」**として扱っていきます。この「想い」こそが、意志や意欲が高い状態を保つ原動力だからです。

　では、ここから、さまざまな「問い」に答えていただきながら、3つのことを明らかにしていきます。

　それは、GROW モデルの中の3点です。

(1) 現状（Reality）：抱えている悩みや現在の英会話力
(2) 目標（Goal）：英会話の勉強を通して何を達成したいのか
(3) 意思・意欲（Will）：どんな「想い」で目標を達成したいのか

　なお、GROW モデルの中の選択肢（Options）に関しては、第4〜5章でさまざまな勉強方法を紹介します。また、想い（Will）とともにもう1つの W である行動計画（5W1H）に関しては、第6章で PDCA

26

のP（計画）として、行動計画に落とし込む方法を案内します。

「GROW モデル」(1)「現状」を明らかにする

　あなたはおそらく、英会話に関して何か困っていることがあったり、「今度こそ勉強を成功させるぞ！」という想いがあったりして、本書を手に取られたと思います。

　では、具体的に何に悩んでいるのでしょうか？
　まず、自分の英語力・英会話の力に関して、いまどんなことに困っているか、書き出してみましょう。
　「困るほど英語をしゃべる機会がない」という人もいるでしょう。そうした人は、これまでの経験を思い出しながら、英語学習全般に関する悩みを、何でもいいので書き出してみましょう（下のボックスと同じものが「特典Excelシート」に掲載されていますので、そちらに書き込んでください）。
　例えば、「TOEICでは〇点を持っているが、英会話の経験があまりない」などでもいいでしょう。

Q. あなたは英語力・英会話の力に関して、いまどんなことに困っていますか？　➡ **特典Excelシート①**

書き出せたでしょうか？

　どんな内容であっても、あなたが素直に感じていることを書いたコメントの中には、今後の英語学習の方向性を決める際の大事なヒントが詰まっています。そして、ここが英語力アップのスタート地点にもなります。

　勉強が進んでしばらくしてから、そこに書いたコメントを振り返ると、自分の成長を実感することができるはずです。

　以下は英会話に関する悩みの一例です。それぞれの悩みに、解決のためのヒントを私が書き加えました。

「意気込んで始めてみたが、学習が続かない。多忙なため、仕事とうまく両立できません」

「最初にがんばりすぎると続かないことがあります。あるいは自分に合った学習スタイルを構築しきれていないのかもしれません。英会話を学んだら何をしたいかという目標がはっきりすると、生活の中で優先順位が高くなりますよ!」（p. 37 の「英会話学習の『目標』を作ろう」、p. 40 の「身近な人（日本人、あるいは非ネイティブ）を目標にする」も参考にしてください）

「TOEIC のスコアが上がったので、オンライン英会話を始めてみましたが、ぜんぜんしゃべれなくてショック。授業が終わってからなら、しゃべる内容が浮かんでくるのですが」

「TOEIC のスコアがアップしたということは、英語力そのものはしっかり上がっているはず。あとは、英会話用のトレーニングに

シフトすればいいだけ。いまこそ英会話力を伸ばす絶好のチャンスですよ！」(p. 32の「受動スキル」と「能動スキル」の解説もご参考に)

「話すときに単語がわからなくて詰まってしまいます。語彙力が足りないのでしょうか？　単なる暗記ではすぐ忘れてしまうので、暗記には良いイメージがありません。うまく単語を覚えられる方法はないでしょうか？」

「英会話では、難しすぎる単語の習得は不要です。『知っている単語』をおさらいするだけでも、ずっと単語が出やすくなるものです。また、なるべく簡単な英語でしゃべるクセをつけると、単語で悩んで止まってしまうことが減りますよ」(p. 103の「単語を復習すると易しい英語で話せるようになる」もご参考に)

「英文法に特に苦手意識があります。英語をしゃべれるようになりたいけど、文法の勉強をしなくちゃいけないでしょうか」

「学生のときに、あの難解な文法の説明を理解できなかったとしても仕方ないと思います。大人になって日本語力や知識が身についたいまの方が、文法は理解しやすいのです！　例えば、短い英語の文章を覚えながら、頭で理解するのではなく文を通して文法を身につけてはどうでしょうか？」(p. 73の「英文法が身につく例文」の説明、p. 76で紹介している学習本もご参考に)

「リスニングが苦手です。聞き取れなければ会話になりません。one on one（1対1）の英語会議で、バッチリ意思疎通できるようになりたいです」

「リスニングは『聞けない要因』を明らかにしてからトレーニングすれば必ずレベルアップできます！ また、英語会議で使われるフレーズはある程度事前に想定できるので、予測力をアップさせれば比較的早く乗り切れるようになりますよ！」（p. 108のシャドーイングの説明もご参考に）

・・・

「英会話のレッスンでは先生が合わせてくれますが、仕事では全然うまくしゃべれません。このまま続けても効率が良くない気がします。勉強方法を見直したいです」

「仕事では、スピード感のあるやりとりが求められますよね。頭で考えず、口から自動的に出てくる英文の型がどれくらいあるかを見直すと状況が改善しそうです。また、仕事の場面で使う鉄板フレーズも役立ちます」（p. 74の「場面別定型フレーズ」の解説、p. 77で紹介している学習本もご参考に）

・・・

　以上、英会話に関する悩みの一例と、改善のためのヒントをいくつか示しました。あなたの悩みに近いものはあったでしょうか？

　解決策はどれも一例ですが、本書ではこんなふうに悩みを改善するためのヒントを提供していきます。

　p. 27で書き出していただいた「どんなことに困っているか」のコメ

ントは学習の原点なので、ときどき見返してみてください。または別紙に書き出し、本書を読み進めながらいつでも見られるようにしておくと、悩みに対する解決のヒントがより見つけやすくなります。

受動力と能動力 / 瞬発力とフレーズ力

　ここでは、いくつかの問題に答えていただきます。そうすることで、あなたのいまの英語力に潜んだ「伸びしろ」（これから成長が期待できる部分）を見つけましょう。

　具体的には、「受動力」「能動力」（p. 32）、「瞬発力」「フレーズ力」（p. 34～35）という観点で、現状の力を測定します。これから出題する問題を解くことで、正確な力を測定できるわけではありません。それでも、「英語に関してどんな力を伸ばすことが必要なのか」ということはわかるはずです。

「早速英語のテストをやらされるのか……」と思った人もいるかもしれません。そう思う人は気軽な気持ちで目を通すだけでもいいでしょう。

問題①

　以下、「英文は和文に」「和文は英文に」してみましょう。

1. She was very tired yesterday.
2. She went to the client's office to make a presentation.
3. The man standing at the entrance is my boss.

4. 彼はとても幸せでした、先週。

5. 私たちは新しい家を買うために貯金しています。

6. 彼が5年前設立したその会社は、日本でとても有名です。

それぞれ、解答例を以下に示します。

1. 彼女は昨日とても疲れていました。

2. 彼女はプレゼンするために顧客のオフィスに行きました。

3. 入り口に立っている男性は私の上司です。

4. He was very happy last week.

5. We are saving money to buy a new house.

6. The company (which) he established five years ago is
   very famous in Japan.

*( )は省略可能です。

　1〜3と4〜6の中には同じような文法を使って作文できるものもありましたね。「すべて一発で正解できた！」という人もいれば、「4以降の英作文で詰まってしまった……」という人もいるでしょう。

　後者の方は、「理解できる力」と「使える力」のギャップが大きいと考えられます。このギャップについて、少し説明しておきましょう。

　英語の力は大きく、「受動スキル」と「能動スキル」の2つに分けられます。

　「受動スキル」とは、相手の発信を受け取り「理解できる力」であり、リスニング力とリーディング力を指します。先ほどの問題1〜3が「理解で

きる」なら、この受動スキルがしっかりしていることの表れです。

　一方、「能動スキル」とは、自分が発信する側として英語を「使える力」であり、スピーキング力とライティング力を指します。先ほどの問題4〜6で「使える（英作文できる）」状態であれば、能動スキルがしっかりしていることの表れです。

「TOEICのスコアが上がったのにしゃべれない……」といった悩みがある場合は、「受動スキル」が先に伸びた一方で、「能動スキル」がまだ鍛えられていない状態です。英語学習の途中で「受動スキル」と「能動スキル」にギャップがある状態は、多くの人が経験することです。

　本書では、そのようなギャップが埋まり、いま持っている「受動スキル」（理解できる力）を、「能動スキル」（自分から使える力）に変換していくことを目指した学習法を第4章以降で紹介していきます。

　ちなみに、

6. The company (which) he established five years ago is
　 very famous in Japan.

を次のように2つに分けた文であれば、言うことができた人がいるかもしれません。

He established a company five years ago. It is very famous
in Japan.

　関係代名詞（which）の使い方がわからなくても、こちらの言い方ができれば、同じ内容を伝えることができます。つまり、仮にあなたの「受動スキル」（理解できる力）がごく易しい英語に限られるものだとしても、それらを「能動スキル」（使える力）として駆使すれば、自ら英語を発信することができるようになるのです。

（英作文の力を鍛えるには p. 76以降をチェックしてください）

問題②

　次に、穴埋めに挑戦してみましょう。ここで大事にしたいのは**瞬発力**です。間違いを気にせず、相手の言葉にパッとすぐに答えてみてください。

7. 初めて会ったとき、相手の言葉に反応する
相手：Hi! It's nice to meet you.
あなた：「　　　　　　　　　　　　　　　」（パッと）

8. お別れするとき「お目にかかれてよかったです」と伝える
あなた：「　　　　　　　　　　　　　　　」（パッと）
相手：You too.

9. ホテルで
相手：Could you show us your passport?
あなた：「　　　　　　　　　　　　　　　」（パッと）

10. 友人との別れ際に「楽しいひと時でした、ありがとう」と伝える
あなた：「　　　　　　　　　　　　　　　」（パッと）
相手：My pleasure.

　それぞれの解答例はこちらです。

7. It's nice to meet you, too.

8. It was nice to meet you. / It was nice meeting you.

9. Here you are. / Here you go. / Here.

10. We had a great time, thank you.

　会話をしているという想定ですから、その場でパッと答えることが求められます。どのぐらい反応できたでしょうか？

　この「パッと答える」形式の問題の結果から、2つのことがわかります。

　1つは、**フレーズを知っているかどうか（フレーズ力）**です。p. 32ページの英作文テストはスラスラできたのに、今回は悩んでしまったという人は、あいさつのようなすぐに使える定型の表現を覚えると、状況が改善されそうです。

　もう1つは、**間違いを恐れずにコミュニケーションする力**です。「正しく言わなくては！」と思って、言葉に詰まった人もいるかもしれません。（実践フレーズ力を鍛えるには、p. 73以降をチェックしましょう）

　最後に2つの問題で、あなたの「伝える力」を確認していきましょう。

問題③

　次の日本語を英語にしてみましょう。

「彼は王位を継承することになっている」

　頭をやわらかくして、「誰でも知っている単語を使って英文にするなら？」という発想で、答えてみましょう。

ニュアンスまで再現して訳すなら、"He is to succeed to the throne." となります。一方で、"He will be the next king." としても意味は伝わるはずです。

「継承する」といった日本語をそのまま英語に置き換えようとして、うまく英語が出てこない場合、実はほとんどの内容は易しい英語で言えるのです。

さまざまなことを易しい英語で表す力は、いますぐ英会話の力を開花させるきっかけになります。

（簡単に伝える力を鍛えるには、p. 103 の内容をチェックしましょう）

問題④

あなたは日頃、次のうちのどちらの話し方をするタイプですか？

A 「自宅で仕事をすれば、満員電車のわずらわしさから解放され、疲れも軽減します。だからリモートワークが必要です」

B 「リモートワークが必要です。自宅で仕事をすれば、満員電車のわずらわしさから解放され、疲れも軽減するからです」

Aは、もっとも伝えたいこと、つまり結論が最後に来てしまっている話し方です。

「英語で、自分の発言の意図がなかなか相手に伝わらない……」とお悩みの人は、このような情報の並べ方をしているのかもしれません。

Bは、結論ファーストの話し方です。

仕事のときには日本語でも情報の並べ方を意識されている人が多いかと思います。英語の場合は特に、**結論を先に言うと伝える力がアップ**します。

（情報の並べ方を鍛えるには、p. 123の「フレームワークを活用した1人練習」をチェックしましょう）

　あなたの現状を明らかにする質問は以上です。お疲れさまでした！

　もちろんこれだけであなたの「課題」がすべて確認できるわけではありませんが、問題①〜④の質問に答えることで感じた「課題」を、p. 27の囲み（または特典Excelシート①）に追加しておきましょう。

　そこに書いたことはすべて、あなたが学習の計画を立てるときに役に立ってくれるはずです。

「GROWモデル」（2）「目標」を設定する

英会話学習の「目標」を作ろう

　ここまでで、「自分の課題もわかったし、早速英語の勉強をしたい！」と急ぐ気持ちになった人もいるかもしれません。

　ですが、やはり、学習を始める前には、目標（Goal）を立てることが大事です。GROWモデル（p. 24）の中の1つであるReality（現状）を先に確認しましたが、ここでは目標（Goal）の立て方を考えましょう。

　目標はとても重要な働きをします。カーナビ（カーナビゲーションシステム）で「目的地」を設定すると、具体的なルートが明らかになりますよね。英語を学ぶ際も、**目標を設定することで、初めて目標までの道のりが見えてくる**のです。

　あなたは英会話の勉強をすることで、どんなことを達成したいですか？　まずは気軽な気持ちで、いくつでもいいので「目標」を思い浮

かべてみてください。

● 海外旅行先で店員さんと楽しくおしゃべりして、趣味のアロマグッズ
　を買い集めたい
● いずれは海外で働きたい
● 親子留学とか楽しそう！

　例えば、上記のような感じです。

「目標」の設定がうまくなる3つのコツ

　では、英会話学習における目標はどのように設定したらよいので
しょうか。ここでは「上手な目標（Goal）設定のコツ」を3つ紹介しま
す。
　それは、

1. 具体的なシーンを目標にする
2. 身近な人（日本人、あるいは非ネイティブ）を目標にする
3. 目標は2つ（「結果目標」と「行動目標」）設定する

　です。1つずつ見ていきましょう。

1. 具体的なシーンを目標にする

　英会話における「具体的なゴールシーン」とは、「1対1のミーティング

を英語でできるようになる」「海外旅行をしたとき、ホテルのチェックインで困らなくなる」など、使うシーンがイメージできるものを指します。もっと細かく、「〇月〇日の海外展示会で、ブースを訪問して、いま注目の新製品について質問し、情報を入手する」などとしてもいいでしょう。

こういった、具体的なシーンを目標にすることの良さは2つあります。

1つは、「目標に向かって、どんな英語学習をすればいいのかが見えてくる」こと。
例えば、上記の、
「〇月〇日の海外展示会で、ブースを訪問して、いま注目の新製品について質問し、情報を入手する」
が6カ月後だったとしましょう。
すると、「出張まで6カ月ある。最初の3カ月間は基礎的な会話力のアップに取り組もう」「次の3カ月間は、初対面でのあいさつや質問のスキル、欧米のビジネスマナーのスキルをアップしよう」などの具体的な学習の指針が立てられます。

具体的なシーンを思い描くと、もう1つ良い点があります。それは、「やる気」になれることです。
これは、**具体的なシーンには「心を揺さぶる」力がある**ことと関係があります。例えば「仕事で英語を使いたい」という目標よりも、「100人のオーディエンスの前で、自分が日本支社の代表としてプレゼンして、質疑応答もバッチリ！　拍手喝采を浴びている」と、その場面をありありとイメージしながら、より詳細な目標を立てた方が、心が動く感じ

がしませんか？　これが、「具体的なシーン」という目標の持つパワーです。

Q. あなたが英会話に取り組む際の具体的なゴールは、どんなシーンですか？　なるべく具体的に書きましょう。　➡ **特典Excelシート①**

```
┌─────────────────────────────────────────┐
│                                         │
│                                         │
│                                         │
│                                         │
│                                         │
│                                         │
└─────────────────────────────────────────┘
```

2. 身近な人 (日本人、あるいは非ネイティブ) を目標にする

　身近な人の中で、「自分のゴールを達成している人」を探し、その人を目標にするのも良い方法です。
　「よく海外出張に一緒に行く先輩のAさんは、手が届きそうな目標だ」
　などと特定の人物をイメージできると、
　「話すスピードは速くないし発音もそんなに良くないけど、会話のテンポはいいな」
　「そうか！　シンプルな英語でしゃべっているんだ。自分がわからない単語は1つも使っていないな」
　などと、次々と自分にもできることが思い浮かびませんか。そうやって、自分の延長線上に現実味のあるゴールをイメージするのです。
　このように、手が届きそうな人をゴールに設定し、自分との違いを分析すると、「自分は何を身につけたらよいのか」が見えてきます。

Q. あなたの身近な「目標」になる人は誰ですか？　どんなところを見習いたいですか？　→**特典Excelシート①**

3. 目標は2つ（「結果目標」と「行動目標」）設定する

　次に、「**結果目標**」と「**行動目標**」の2つを設定するのがお勧めという話です。

　「結果目標」とは、未来に手に入れたい結果です。例えばp. 39の「○月○日の海外展示会で、ブースを訪問して……」というのは、「結果目標」です。

　こういった、「結果目標」にたどり着くために必要な具体的行動のことを「行動目標」といいます。

結果目標……未来に手に入れたい結果
(例)「6カ月後の海外展示会で、ブース訪問。新製品について質問し、情報を入手」
行動目標……「結果目標」にたどり着くために必要な具体的行動
(例)「まず前半3カ月、英語学習時間100時間」「フレーズ200文暗記」

　結果目標はもちろん大事ですが、英会話学習においては、行動目標を持つと、具体的に何をすればよいかが明確になるので、とても効

果的なのです。

　結果目標は、行動目標が達成できた末に到達するものです。一方、行動目標は「がんばり次第でいくらでも達成できる」ものです。その行動目標を上手に活用し、自分のやる気をうまく焚き付けていきましょう。

（p. 150〜151で、行動目標を一緒に立てましょう）

「GROWモデル」(3)「想い」を明らかにする

　前項で「結果目標」と「行動目標」の2つを扱いました。英会話力をアップすることで達成したい目標が見えてきたでしょうか。

　p. 39で紹介した「6カ月後の海外展示会で、ブース訪問。新製品について質問し、情報を入手」という目標ですが、これは自分が英語をしゃべらなくても、通訳にサポートしてもらうことで達成できたりします。ですから、この目標を掲げたからといって、必ず「英会話力を伸ばすぞ！」という気持ちになるとは限りません。

　では、「昨年は海外出張のときに英語力が足りなくて、何もできなかった。あの悔しさを、今年こそうれしい経験で上書きしたい」などという気持ちがあったらどうでしょうか。このように、英会話力アップに向けて感情をかき立てるような想い（Will）があると、人は行動を起こすものです。

　ここでは、GROWモデル（p. 24）の中の1つであり、英会話の学習を後押しする「意思・意欲」、すなわち「想い」（Will）を探し出しましょう。

　なぜ、どんな想いで、あなたは英会話の力をアップさせたいのですか？　前項で扱った「結果目標」や「行動目標」との関連性は、あって

もなくても構いません。思いつくものを、すべて書き出してみましょう。

Q. どうして英会話の力をアップさせたいのですか？　あなたのいま
　の「想い」を書き出してみましょう。　➡ **特典Excelシート①**

```
┌─────────────────────────────────────────────┐
│                                             │
│                                             │
│                                             │
│                                             │
│                                             │
│                                             │
└─────────────────────────────────────────────┘
```

Want to（やりたい）を見つける

　書き出したら、それぞれのコメントが次の2つのどちらに近いか、
確認してみましょう。

・やらねば（Have to）
・やりたい（Want to）

　やらねば（Have to）は義務感が強く、どちらかというと受け身的
な想いから来ているのではないでしょうか。会社や人から与えられた
目標に対して持つような感情でもあります。
　一般的に、Have toが強い状態だと、勉強はつらいし、逃げ出した
くなってしまいます。
　やりたい（Want to）は自分の欲求に基づく、主体的な想いです。
　どちらが良くてどちらが悪いということではなく、特徴を上手に使え

ばいいのです。「やらねば（Have to）」をうまく利用し、締め切りなどを設定することで、学習をうまく進めるのが得意な人もいるでしょう（p. 59で後述する「山登り型」タイプがそうです）。

しかし、理想はWant toが多めの状態です。Want toが多めの方が、英会話の学習を「つい、やりたくなる」からです。英語学習への「やる気」をアップさせる大切な要素が、このWant toだとも言えます。

では、Want toの想いを抱きやすくするにはどうすればいいのでしょうか？　ここでは、3つの方法でWant toを見つけ、Want toを増やすやり方を紹介します。その3つの方法とは、

1. Will（想い）の中に、Want toを足す
2. Have to（やらねば）の中に、Want toを探す
3. 学習プロセスの中に、Want toを増やす

です。では1つずつ見ていきましょう。

1. Will（想い）の中に、Want to を足す

前ページで英会話を学習するにあたっての「想い」を書き出していただきました。あなたが書き出したものは、やらねば（Have to）でいっぱいになっていませんか？　よく考えると、それ以外にも、やりたい（Want to）ことはあるのではないでしょうか。あなたにはまだ見えていないものの中で、英語力がアップすると可能性が広がるものに目を向けてみましょう。

例えば、

「旅行で家族にいいところを見せたい」

「英語であいさつできたらカッコいいかも」

「がんばる姿を見せて、尊敬される上司でいたい」

なども加えられたりしないでしょうか。

「p. 43で書いた『想い』以外には、特に思いつかないなぁ」という方は、勉強をがんばった先に「ごほうび」を設定する作戦も効果があります。英語学習の動機としては不純かもしれませんが（笑）。

しかし、「ごほうび」を設定することで、実際にやる気がアップするのです。

例えば「単語帳を1冊覚え終わったら、とっておきのワインを開けよう！」「3カ月の英語学習を無事実行できたら、欲しかったバッグを買おう！」「会社の英語研修で良い成績を出したら、上司にディナーをごちそうしてもらう！」など、さまざまなごほうびが用意できます（これらはすべて実際にあったごほうびの例です）。

p. 43で書き出した「英語学習への想い」に、ここで思いついた「Want to」の学習理由を書き足しておきましょう。

2. Have to（やらねば）の中に、Want toを探す

次に、人から与えられた目標の中から、Want to（やりたい）を探し出してみましょう。

例えば、

「仕事で必要だから英語をやらなきゃ……」（Have to）

という状況があったとします。それを義務とだけ捉えるのではなく、

発想を転換して、「仕事で英語を使う」と得られる良い点を探してみましょう。すると、Want to が見つかるのではないでしょうか。例えば、「英語を使う」ことができれば、

「同僚の外国人ともっとうまく仕事ができる」

「グローバルな仕事を経験するチャンスになる」

「英語力をアピールして希望部署に異動したい」

などを思いつくかもしれません。

Have to とは、大抵「現時点」では「やらねばならない」ことです。**しかし、そこに含まれる「未来」の可能性にスポットを当てると、たくさんの Want to が見えてきます。**

p. 43で書き出した「英語学習への想い」に、思いついた「Have to に隠れた Want to」の学習理由を書き足しておきましょう。

3. 学習プロセスの中に、Want to を増やす

勉強すること自体に Want to（やりたい）を感じることができれば、実は最強と言えます。「英語の勉強そのものが楽しい！」という気持ちで続けていくうち、ネイティブと自由に話せるようになっていたという人もいます。

では、どうやったら英語の学習自体が楽しくなるのでしょうか？　実はその方法の1つが、本書で紹介している**「自分のタイプに合った学習をする」**ことです。

自分に合う学習スタイルを、この後、見つけましょう。

ここまでで明らかになった内容を英語学習に活かそう

さて、ここまで、GROWモデルの中の

(1) 現状（Reality）：抱えている悩みや現在の英会話力
(2) 目標（Goal）：英会話の勉強を通して何を達成したいのか
(3) 想い（Will）：どんな想いで目標を達成したいのか

について考えてきました、お疲れさまでした！

ここまで読んできたものの、「目標はあるけれど、『なぜその目標なのか？』と聞かれると、よくわからない」あるいは「英会話は好きだけど、目標ってイマイチないなぁ」という人が、まだいらっしゃるかもしれません。

安心してください。それでも大丈夫です！ 目標や想いは、学習を進める過程で発見されたり生まれたりすることも多いからです。

また、「目標を決めるのが得意な人」「Want toを見つけるのが得意な人」など実は人それぞれです。まずは、ここまでで明らかになった内容を英語学習に活かしていきましょう。

科学的に正しい学習法 × 自分に合った学習法

ここでは効果的に英会話力を伸ばすため、勉強方法に対する理解を深めましょう。

カーナビに現在地・目的地を入れると、複数のルートが表示されるときがありますよね。英会話学習も道のりは1つではありません。

p. 25でGROWモデルの中の選択肢（Options）について述べたように、現状から目標に到達するための方法（＝選択肢）はいくつもあるのです。

実は、英会話学習では一見矛盾していそうな2つのことが言えます。

1つは、「**科学的に正しい学習法がある**」。

もう1つは、「**自分に合った学習法がある**」。

1つずつ見ていきましょう。

科学的に正しい学習法① インプットとアウトプット

最近特に注目されている学問に、「第2言語習得論（Second Language Acquisition：SLA）」があります。これは、母語以外の言語を身につける仕組みやプロセスを、さまざまな視点から解き明かしたものです。

ここでは「科学的に正しい学習法」として、「第2言語習得論」に基づく「インプットとアウトプット」という考え方と、「トップダウンとボトムアップ」というアプローチを紹介します（もっと専門的に知りたい方は、巻末の参考図書をご参照ください）。

1点目は、**インプットとアウトプット**という学習法です。

インプットとは、単語や英文を暗記し、聞く・読むことを通じて単語等を頭に入れることを指します。音読は声を出すのでアウトプットのようですが、与えられた言葉を読む場合はインプットとされます。

一方、アウトプットとは、話す・書くことを通じて、学習者が自ら言葉を作り出すことを指します。

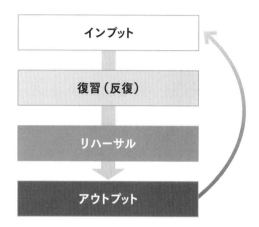

　このインプットとアウトプットに関して、覚えておきたい流れを上のフローチャートにしました。

●インプット

　大量のインプットをすることで、言葉の習得をより早く進められる。

　その際は、自分のレベルよりもわずかに高いものをインプットすると効果的。

●復習（反復）

　インプットした知識を復習（反復）すると、自動的に使えるようになる。

　頭で考えなくても、自動的に瞬発力を伴って英語が口から出てくる状態を「自動化」と言う。「自動化」された表現を増やすことで言葉の習得が進む。

●リハーサル

　実際に誰かとしゃべらなくても、言おうとすることを頭の中で組み立

てる「リハーサル」をするだけでも、言葉の習得が進む。

● アウトプット

　実際にアウトプットをすることで、気づきや学びが深まる。その結果、知識が定着する。

　また、アウトプット時にミスをした点を、次にインプットをするときに意識すると、インプットの質が向上します。

　インプットとアウトプットの両方が大事です。以上の流れを意識しながら、学習を進めていきましょう。

　インプットとアウトプットについては、実践方法を含め、第3章以降でより詳しく取り上げます。

科学的に正しい学習法②　トップダウンとボトムアップ

　次に「科学的に正しい学習法」の2つ目として、**トップダウン**と**ボト**

ムアップの2つのアプローチを紹介します。

　トップダウンアプローチとは、例えば、あいさつフレーズ、旅行で使う表現、仕事でよく使うフレーズなど、それぞれの場面で使われる決まり文句や定型表現を習得するアプローチです。

　即効性があり、すぐ使える表現を学べるのが特徴です。

（例）"How's it going?"（調子はどう？）
　　　※英語のあいさつの場面で使う定型フレーズ
　　　"Why don't we get started?"（始めましょうか？）
　　　※会議などを始める際の定型フレーズ

　一方、ボトムアップアプローチは、基礎力を重視し、そこからレベルを上げていくアプローチです。英語学習でいえば、文法などの基礎力を鍛え、単語を入れ替えたり、文を長くしたりすることでレベルを上げていくアプローチです。基礎から着実に力が付きますし、応用力も付けられるのが特徴です。

（例）I am watching TV now.（私はいまテレビを見ている）
　　　※この文を通して、他の現在進行形の表現を学ぶ
　　　I read the book (which) I bought yesterday.（私は昨日買った本を読みました）
　　　※この文を通して、関係代名詞whichの使い方を学ぶ

　トップダウンとボトムアップ、どちらのアプローチも必要だとされています。どちらを優先させるかは、実際に英語を使う際の緊急度で判断できます。

例えば、ビジネスの現場は定型フレーズを活用するシーンが非常に多いものです。「いますぐ英語を使って、日々の業務をしなければならない」という人は、トップダウンの学習要素がないと現場を乗り切れないでしょう。

　一方で、実際に英語を使う機会がまだ少なく、じっくり英会話の力を鍛える余裕がある場合には、ボトムアップの学習要素を軸にできるでしょう。

　第4章では、後ほど紹介する学習者の「タイプ」に応じて、トップダウンとボトムアップのどちらから学習すればよいか、アドバイスをします。

自分に合った学習法──目標と自分の「タイプ」を知る

　上記の「科学的に正しい学習法」を用いながら、さらに「自分に合った学習」を進めると、もっと高い効果を得られます。

　まず、1人1人の現状や目標によって学習内容が変わります。

　例えば、「海外旅行が3週間後だ」という人が2人いたとしましょう。2人の目標と学習内容は次の通りです。

Aさん：「ホテルのチェックインぐらい英語でできるようになりたい」
　　　　→旅行英語のフレーズを覚える
Bさん：「英語の案内板を理解できるようになりたい」
　　　　→案内板に使われる単語を暗記する

　この2人の学習法はどちらも間違っていません。自分が設定した目標（Goal）に合った学習法を選んでいるからです。

　次に、実は人によって得意な学習スタイルが異なります。これは学習の成果に大きく影響します。本書ではこの部分に着目し、人を大きく2つの「タイプ」に分け、「タイプ」ごとの特性を踏まえた勉強法を紹介していきます（第3章〜第5章）。

　理にかなった、そして自分に合った英会話の学習方法を知るため、次章から、この2つの「タイプ」について見ていきましょう。

第 **3** 章

自分の「タイプ」を
学習に活かす

自分が「山登り型」「波乗り型」のど
ちらのタイプであるかを知り、学習
に最大限に活かす方法を説明しま
す。コーチングの手法と科学的に正
しい学習法を踏まえた上で、「タイ
プ」を活用します。

まず、自分の「タイプ」を知る

　「はじめに」で、英語学習の継続と成功には、2つの要素が必要であると書きました（p. 6）。

　1つは、科学的に正しい学習法を実践すること。もう1つは学習者が自分自身を深く理解すること。この「自分を理解すること」は、さらに2つの要素に分けることができます。

　第1に、やる気の源ともなる、学習への想い（p. 42）です。「なんのために英語をしゃべれるようになりたいのか」という問いに対する答えです。あなたが英語を学ぶ際の本当の想いに気づくことができれば、それが勉強のエンジンとなります。英語学習が主体的なものに変化するでしょう。

　第2に、自分の性格タイプです。例えば、目標を与えられたときに、「何かを達成するには目標があった方が絶対いい！」と受け止めて、俄然やる気になる人もいれば、「目標があるとプレッシャーを感じて負担だ」と消極的になってしまう人もいます。このような**自分の心理的傾向や行動タイプを知ることは、「自分はどうすれば英語学習に対して前向きになれるか」という自分自身の「取扱説明書」を手に入れる**ことになります。その「取扱説明書」を上手に活用すれば、あなたは前向きになって学習を継続できるでしょう。

　そこで、次の質問をします。

あなたは自分を、どんなタイプの人だと思っていますか？

　唐突な質問に聞こえるかもしれません。ですが、「自分を知る」こと

は英語学習を続ける上で最大の鍵になります。あなた自身の性格や価値観、行動傾向を踏まえて取り組めば、英語学習をより効果的・効率的に進めることができるからです。自分にぴったりな学習になるので、納得しながら進められます。

　英語学習法の選択肢（Options）はたくさんありますが、その中に必ずあなたに合った進め方があります。あるいは、自分に合った進め方にカスタマイズできれば、学習の継続において大きな効果が期待できます。

　もちろん、人にはさまざまなタイプがあります。しかし、私は4000人以上を指導する中で、大きく2つのタイプに分けることができると気づきました。本書では、その2つのタイプを**「山登り型」「波乗り型」**と呼びます。この2つは、「人が目標を達成するときや、成功するときの経路」に応じて分けたものです。

　では自分のタイプを知るために、診断をしてみましょう。次ページの1〜8の質問を見て、AかBのどちらか、「自分が重視する方」を直感で選んでください。

　選び終えましたか？　AとB、どちらに多くの○がついたでしょうか。
　本書では、Aは「山登り型」と呼ぶタイプに、Bは「波乗り型」と呼ぶタイプに見られる傾向だと判断します。Aに多く○がついたら、「山登り型」の傾向が強いと言えます。
　「まさに私は山登り型だ」という人もいれば、「AにもBも当てはまる項目がある」という人もいるでしょう。実際、「山登り型」と「波乗り型」両方の資質を備えている人もいます。そういう人は、それぞれの良い面を活かしていけばよいのです。

タイプ分けのための診断

	A	重視する方に〇を	B	重視する方に〇を
1. 成長か楽しみか	グングン成長したい		ワクワク楽しみたい	
2. 準備重視か直感重視か	準備や段取りが大事		自由や直感が大事	
3. 計画重視か適当主義か	ときに自分の決めた計画を重視しすぎて先に進めない		ときに適当すぎてミスをする	
4. 完遂重視か柔軟対応か	決めたことは最後までやり遂げる		その場で柔軟に決める方が好き	
5. 繰り返し重視か新しもの好きか	同じことを繰り返すのは、理解が深まるので大事だ		新しいことを体験すると刺激が得られるので好きだ	
6. 努力重視か納得優先か	いまが苦しくても、先を見据えて努力する		納得できないことに取り組むのは嫌だ	
7. 目標重視か刹那主義か	目標に近づいている感覚が好き		いまこの瞬間が充実していることが大事	
8. 積み上げか勢い重視か	期日から逆算し積み上げていくことでうまくいった経験が多い		目の前のことに夢中になっていると道が開けた経験が多い	
	Aに〇がついた合計数		Bに〇がついた合計数	

　人によっては、所属している組織や団体の文化・性質に合うように、後天的にタイプが変わることもあります。仕事のやり方や組織の文化によってA、Bどちらかにしなければいけない人もいると思います。こ

こでは、「本来の自分はどちらだろうか」と考えて選んでみてください。

では、それぞれのタイプの特徴を詳しく見ていきましょう。

着実に一歩一歩進む「山登り型」

真面目だが、自分を追い込んでしまうことも

　目標を決めたら、その**目標に向かって着実に一歩一歩進んでいくのが好きなタイプ**です。登山のように、山の頂上に向かって通過地点を1つ1つクリアしていくのが向いているタイプです。

　実は私たちは、学校でも、社会人になってからも、好むと好まざるとにかかわらず、「目標を目指す」という体験を多くしています。テストや受験、スポーツの大会、締め切り、営業成績といったことを通じて、「そういえば何かの目標を目指していたなあ」と思い当たる人も多いでしょう。

　それはそれとして、会社などの場を離れてもなお、「目標があるとがんばれる」「目標を実現するための過程を逆算して実行する逆算思考が好き」という人は、根っからの「山登り型」と言えます。「目標と現状の差分を埋めるのが好き」「何か計画のための戦略を立てるのが得意」「わかりやすい数値目標があったり数値管理をされたりすると、特にポテンシャル（内に秘めた能力）を発揮しやすい」などは「山登り型」と

言っていいでしょう。

　ただ、目標にこだわるあまり、行きすぎると自分を追い込みがち。その結果、目標を達成した後に燃え尽き状態になる人もいます。うまくいかないと自分を追い込んでつらくなったり、計画をリセットしたくなったりする人もいます。
「山登り型」の人は、真面目で、目標達成度が比較的高めです。そうした良い点を活かしつつ、自分を追いつめてしまわないように気をつければ、困った事態になることも少なくなるでしょう。

特徴と強み

● ひとたび目標が定まると、あれこれ目移りせずに地道な努力を積み上げることができる。
● 詳細なプランを練って行動することに長けている。
● 目標とスタート地点、進捗を管理することが好き。
● 責任感が強い。
● 理想が高い。

陥りがちなパターン・弱点

● 決めた目標と計画に固執し、変更は「良くないもの」という考えから、柔軟性に欠ける面も。
● 着実に学習を積み上げているのに、なかなか伸びが表れないと不安になったり、ストレスを感じたりする。
● 結果主義に偏重し、プロセスを楽しめずに目標にたどり着いた後、

燃え尽きることがある。

□癖

- ●「がんばろうー！」
- ●「～しなきゃ！」
- ●「まだ～ない」

臨機応変に直感で行動する「波乗り型」

夢中になって取り組むが、計画的な行動は苦手

「波乗り型」は、あまり**先のことを計画せず、目の前のことに熱中して取り組むタイプ**です。好きなことや夢中になれることを大事にしながら、力を伸ばしていくのが得意です。サーフィンをするように、その瞬間その瞬間、直感をもとに波に乗っていくような行動を取ります。

　子供のような好奇心で、いったん好きになったことには夢中になって取り組みます。一方、子供が遊びに夢中になった揚げ句、気がついたら迷子になっていたりするように、意識して目的地にたどり着くことが苦手な一面があります。そういう人は、良くも悪くも「適当さ」を持ち合わせていると言えます。

目標などにこだわらないからこそ、ほど良く物事を進めていくことができます。進捗のテンポが良かったり、物事の全容をつかむのが上手だったりします。

　一方、**ルーズな一面も**。物事に対する雑さがあり、後からミスに気がついてハッとする場合もあります。その気づきのセンサー自体もなく、後悔もしないという人も多いようです。「最後はどうにかなる」という楽観性があります。
　目標設定をする際には、目標に対してワクワクを感じられる状況を設定できれば、ポテンシャルを最大限に発揮できるでしょう。「目標は超短期、目の前にぶら下がるニンジン」ぐらいの感覚がちょうど良いです。長期の目標を設定すると、ワクワクが持続しないかもしれないからです。
　逆に、無理やり与えられた、気に入らない目標をクリアするのは苦痛に感じるでしょう。自分で主体的に目標を決め、目標達成に楽しさを盛り込むことが、特にこのタイプにとっては大事です。

特徴と強み

- その瞬間その瞬間を楽しむことが好き。
- 好奇心旺盛で、失敗を恐れずとりあえず行動するという姿勢がある。
- 人とのつながりを活かすことが上手。
- ほど良く肩の力を抜いて勉強を進めることができる。
- 割り切って先に進み、大局をつかむのがうまく、合理的な一面もある。

陥りがちなパターン・弱点

- 目標が漠然としていることが多く、方向性が決まっていないことも。
- 興味関心の赴くままあれこれ手を出してしまい、収拾がつかなくなることも。
- 乗り気にならないと、物事が遅々として進まないことがある。

口癖

- 「いまから〜しよう！」
- 「まあ、いっか。なんとかなる」
- 「大丈夫でしょ」

2タイプの特徴がわかる発言

　ここで、「山登り型」「波乗り型」のそれぞれで、私の知っている人の発言を紹介しましょう。どちらの人も「山登り型」「波乗り型」の特徴を強く持っています。両者とも結果として高い英語力を身につけましたが、英語力を身につけるまでの考え方はだいぶ異なります。2つのタイプの違いを理解するのに良い例ですので、ご一読ください。

🏔 「山登り型」のRさん

「目標があるからがんばれます。『留学したい、英語が話せたら楽しいんだろうな』と思い、海外の大学院を卒業しました。海外ドラマや英

語雑誌よりも、英語の学習本を目の前にするとやる気が湧きます。『がんばれば正解が得られる』という明確なゴールがあるからです。

　留学先では、しゃべりたい内容の文章を自室で準備し、それを日中実際に使ってみることを繰り返しました。目標を持って、自分にいいプレッシャーを与え、順序立ててがんばりました。そうすることで、自分を成長させることができたと思います」

🌊 「波乗り型」のMさん

「中学時代からNHKのラジオ英会話のファンです。英語の発音がカッコいいと思い、ラジオの登場人物の会話を1人2役で毎日真似していました。次に、疑問文を自分で作文し、自分で回答するという1人2役の英会話を楽しんだりもしました。

　海外の大学院も卒業しましたが、TOEICやTOEFLといったテストのための勉強はイヤイヤ取り組んだだけで正直言えば好きではありません。いまもラジオ英会話は継続して聞いています。また、自分の興味のあるウェブページや旅行先の情報を英語で入手すると、気分が盛り上がって楽しいです」

自分のタイプを知らずに学習を進めるリスク

　自分の性格や行動のタイプを知らずに学習を進めると、以下のような2つの問題に直面する場合があります。

● 自分のタイプの弱点が学習にマイナスの影響を与える

● 自分のタイプとは合わない学習法に苦しむ

では、1つずつ見ていきましょう。

自分のタイプの弱点が学習にマイナスの影響を与える

　例えば「山登り型」であれば、学習レベルが合わないのに一度決めた計画にこだわり、そのまま進めてしまって苦しむ場合があります。「波乗り型」であれば、学習計画を立てたものの、自分が好きなことばかりをして学習に偏りが出ることがあります。

　これは、「決めた目標と計画は遂行しなければ」(山登り型)だったり、「楽しいことを大事にしたい」(波乗り型)だったりという、それぞれのタイプが持つ特徴が悪い方向で出てしまっているのです。しかも、多くの人にとって、自分の行動や思考は「それが当たり前すぎて疑う余地もない」ことだったりします。それゆえ、望まない状況を引き起こしている原因がどこにあるかわからず、いつまでたっても状況が改善しないということが起こり得ます。

　自分の性格やタイプを理解すれば、こういった事態を避け、自分の良い部分を最大限活用できるようになります。

自分のタイプとは合わない学習法に苦しむ

　知らず知らずのうちに自分のタイプと異なる学習方法を採用した場合、成果が出にくい状況に陥ることがあります。

　一例を挙げれば、「はじめに」で触れた「短期間で大量に勉強させる」ことで目標達成を支援する英会話スクールは、「山登り型」の特徴

を持つ学びの場と言っていいでしょう。

　では、そのような「山登り型」の場所で、「波乗り型」の人が学んだ場合、一体どんなことが起こるのでしょうか？

　例えば、スクールで大量の単語暗記を宿題として出されたとします。

　人から与えられた目標と、設定された期限を守るのが苦手な「波乗り型」の場合、「なかなか気持ちが乗らないな」と思っているうちに、宿題の締め切り日が来てしまいます。その結果、本当は能力があるのに、劣等生扱いをされてしまうこともあるでしょう。これは、「波乗り型」の良さが生かされないケースです。

　「波乗り型」にとっては、成果を出すために「楽しめるかどうか」「自分に合ったやり方だと思えるかどうか」が鍵になります。ですから、時には「期限を守る」という縛りを少し緩めてでも、「楽しめる！」「このやり方ならいける！」という感覚を持てるようにすることは、とても重要です。

　もっとも、自分のタイプをあらかじめ知った上で、あえて「いつもとは違うやり方にチャレンジする」つもりでスクールに入れば、むしろ新しい発見や弱点の克服ができ、学習効果が大きく上がる可能性もあります。

　つまり、どういった学習法を選ぶにしても、なんとなく選ぶのではなく、**自分のタイプを知った上で選んだ方が、効果が上がりやすくなる**のです。

タイプ別学習法を知る

　では、もう少し具体的に2つのタイプを英語・英会話学習に当ては

めてみましょう。すると、2つのタイプの持つ、かなり異なる特徴が見え
てきます。

「山登り型」に適した学習法

- 文法の理解から着実に進める
- まずは短い文章を組み立てられるようにし、その後、徐々に長い文章をマスターすることを目指す
- まずは軽い話題や日常会話から始めて、その後、英語で仕事ができるようになることを目指す
- インプットを十分にしてから、実際の会話のようなトレーニングでアウトプットしていく
- 1つ1つしっかりマスターしていく

「山登り型」が得意なのは、「**目標を設定し、そこに向かってコツコツと学習を進める**」という学習法です。また、目の前の学習ですぐに効果が出なくても、先を見据えた長期的な取り組みもあまり苦になりません。

　ひと言で言うと、「**山登り型**」には「**インプットファースト**」(しゃべるのに必要な基礎単語・英文の暗記を、勉強の軸にする)がお勧めです。

　計画性を持って、現在地と目標をつなぐルートを、「基礎力」から「応用力」へと段階的に身につけながら進んでいくと、納得しながら学習を進めることができ、成功する可能性が高いです。

〜 「波乗り型」に適した学習法

● まずは実際に誰かとしゃべってみる
● 実際の会話に役立つと思えるフレーズを早く使えるようになることを
　目指す
● 自分が必要な状況で英語が使えるようになることを目指す
● 誰かと一緒に勉強する
● 楽しんで進めていく

「波乗り型」が得意な学習プロセスの1つが**「楽しんでいるうちに、結果としてできるようになる」**ことです。したがって、自分が本当にやりたいと思えること、できれば楽しめるものに取り組むことは、後々のゴールから逆算して計画的にやるよりも重要です。また、まずやってみるという「習うより慣れよ」的な方法が「波乗り型」には向いています。

　ひと言で言うと、**「波乗り型」**には**「アウトプットファースト」**（実際に英語をしゃべることを勉強の軸にする）がお勧めです。

　また、「波乗り型」で英語が大の苦手という人は、気合で勉強しようと思ってもうまくいかないはずです。まずはできそうな勉強から始めて、英語学習が「苦痛と感じる」状態から「普通にできる」ようになることを目指しましょう。

インプットファーストとアウトプットファースト

　「山登り型」にはインプットファーストが、「波乗り型」にはアウトプットファーストがお勧めと言いました。ただしこれは、「山登り型」はイン

プットだけをやっていればいいということではありません。同様に、「波乗り型」はアウトプットだけでいいわけではありません。

　当然、単語や英文を知らなければアウトプットはできませんから、最初に何かしらのインプットが必要です。一方、インプットばかりしても、アウトプットせずにいると、実際に話す場面でうまく話せなかったりします。インプットとアウトプットがp. 49で示したフローチャートのように「サイクル」となって、初めて英会話の力が伸びるのです。

　その上で「山登り型」は、英会話の基礎となる単語や英文のインプットをじっくり行いつつ、そこにアウトプットを取り入れていくと勉強が進みやすくなります。

　一方「波乗り型」は、アウトプットファーストで進めるために、実践ですぐに使える定型表現のインプットとアウトプットをセットにして始めましょう。「覚えて、すぐ使ってみた！」という体験ができると、楽しさにつながり、学習の効果が出るのを後押しします。

　インプットとアウトプットは、それぞれのタイプに合う方を勉強の軸にすると、断然英語学習が続きやすくなります。一方で、どちらかだけに偏らないよう、バランスよく学習しましょう。

自分のタイプとは違う勉強法をするメリット

　自分のタイプに合った、日頃から使い慣れた考え方や得意な行動パターンを勉強方法に採用することには大きなメリットがあることを述べました。

　しかし、あえて馴染みの薄い、自分のタイプとは逆の勉強方法を採

用することにも意味があります。

　例えば、最初は「苦手だなぁ」と思っていたタイプの人でも、付き合ってみたら意外な発見や気づきを得られたということがあるかと思います。同じように、「自分には合わなそうだ……」と思う勉強方法に取り組むことで、これまでは得られなかった気づきや成長につながる場合があるのです。

　あなたが「自分の得意なやり方ではもう十分英会話の勉強をしてきたけど……」などと行き詰まっていると感じる場合は特に、自分のタイプとは違う勉強方法に乗り出す良いタイミングかもしれません。

　ただし、気をつけていただきたいのは、スタートの段階で、自分に合わなそうな学習を採用する必要はないことです。まずは、あなたのタイプに合った勉強方法で、英語学習がスムーズに進むきっかけを作っていきましょう。

「自分には合わなそうだな」と思う勉強方法には、あなたの成長への橋渡しになってくれる可能性があるぐらいに思っておいてください。

　では次章で、「山登り型」「波乗り型」それぞれのタイプに合った、教材と勉強方法を紹介していきます。それらすべてがあなたの現状（Reality）と目標（Goal）をつなぐ選択肢（Options）となります。ここまでの内容を踏まえて読み進めていただければ、必ずあなたに合った学習法を見つけられるでしょう。

第 4 章

タイプ別学習法
インプット編

本書で薦める英会話学習の仕方を、
「タイプ」別に、教材紹介や実例を
交えて詳しく説明します。まずは、
インプット編から。効果的な暗記
の仕方も取り上げます。

複数の学習法を組み合わせる

　まず、本書で取り扱う英語学習の全体像を見てみましょう。

　本書で提案するのは、例えば「オンライン英会話でレッスンを受ける」という1つの学習法ではありません。少なくとも2つ以上の学習法を組み合わせるやり方です。2つ以上の学習法に取り組む中で、下の図の左側にあるような、インプットからアウトプットに至るサイクルを作れれば、英会話力がアップしていくからです。

　インプットでは、「例文やフレーズ」（→ p. 73）あるいは「単語」（→ p. 95）を暗記し、「復習」（→ p. 88）で定着を図ります。「シャドーイング」（→ p. 108）でリスニング力と発音を同時に鍛えた後、「1人練習」（→ p. 120）や「オンライン英会話」（→ p. 131）を活用しながらア

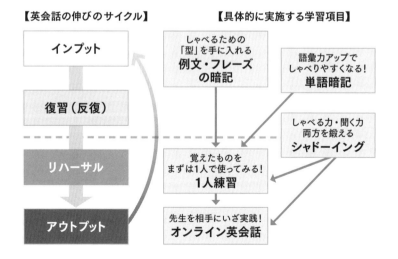

ウトプットにトライします。その上で、そこで得た英語の実践力をインプット学習に活かすという流れを作ります。

「いろいろやるのは面倒……」と思われるかもしれませんが、いくつかの学習を組み合わせることによって、学習したそれぞれの内容が良い影響を与え合い、さらに力が伸びることになります。高い効果を生むためにも複数の学習法を取り入れてみてください。

まずは、左下の図の右側に挙げた学習項目ごとに、お勧めの教材と勉強方法を示し、その上で「山登り型」「波乗り型」へのアドバイスをしていきます。その後、それぞれのタイプに応じて「お勧めしたい学習の組み合わせ方と順番」を紹介します。

ここからは、ぜひ「自分にとってぴったりの勉強方法や教材を見つける！」というつもりで読み進めてください。また「これならできそう」「これに取り組みたい」と思えるものが見つかったら、ふせんや印をつけておきましょう。

「英文法が身につく例文」と
「場面別定型フレーズ」を習得する

英会話は「単語」のみでやりとりする場合もありますが、多くの場合、「文」を交互に言うことで成り立っています。そこでは「文法に従って作文された英文」もあれば、「定型文」が用いられることもあります。

本書では、「単語や単語の固まりを入れ替える練習をすることで文法が学べる英文」を、**「英文法が身につく例文」**と呼ぶことにします。

例えば、I have a friend living in New York.（ニューヨークに住んでいる友人がいます）という文では、a friend を修飾する現在分詞

［-ing］の使い方を学べます。そこで、この文をもとに、

I have a friend working in New York.

（ニューヨークで仕事をしている友人がいます）

I have a friend visiting New York.

（ニューヨークを訪れている友人がいます）

などと応用する力を身につけていきます。

　一方、「日常的な状況や場面に応じて使われる決まり文句や定型文」のことを「**場面別定型フレーズ**」と呼びます。次ページのHow have you been?（どうしていましたか?）などはその一例です。

　本章では「英文法が身につく例文」や「場面別定型フレーズ」の暗記をしましょう。

　暗記をする際には、50〜52ページで触れた2つのアプローチが関わってきます。

　「英文法が身につく例文」を覚えることは、文法を身につけ、単語を入れ替えて応用していくボトムアップアプローチに、「場面別定型フレーズ」を覚えることは、応用などはせず、そのままの形で使う決まり文句を身につけるトップダウンアプローチに当たります。

　それぞれに、学ぶことで得られる力と注意点があります。次の表で確認しておきましょう。

	場面別定型フレーズ	英文法が身につく例文
学び方	トップダウンアプローチ	ボトムアップアプローチ
例文	How have you been? （どうしていましたか？/久々に会ったときの定型的なあいさつ）	I have a friend living in New York. （a friendを修飾する現在分詞[-ing]の使い方を学ぶ）
学習する利点	覚えたフレーズをそのままの形で使える。 実践的なコミュニケーション力がアップする。	応用が利く例文をどんどん覚えていくことで、自ら組み立てる作文力がつく。 単語を取り換えることで、幅広い表現ができる。
注意点	自分の意見を述べたいときなどに「文法に従って作文する力」が身につきにくい。	即座に対応したときの瞬発力に欠ける。
身につく力	実践力、瞬発力	基礎力、応用力

　長期的な取り組みとしては、トップダウンとボトムアップ、どちらの学習もバランスよく行って初めて英会話力が鍛えられます。ただし順番としては、「山登り型」はボトムアップから、「波乗り型」はトップダウンから始めると、学習が進みやすいでしょう。

　では、具体的な教材を見ていきましょう。

アプローチ別・
お薦めの「例文・フレーズ」学習本

🗻「山登り型」にお薦め……ボトムアップアプローチの本（英文法に従って作文力を鍛える「英文法が身につく例文」を学べる本）

①「NOBU式トレーニング」シリーズ
（山田暢彦著、IBCパブリッシング）

お勧めポイント 短文から長文へのステップアップ

中学1年～3年で学ぶ英文法のカテゴリーごとに英文を学んでいきます。収録されている英文は、最初が非常にシンプルで、中盤以降徐々に文が長くなっていきます。これは「英語は、後ろに情報を付け足すことで、言いたいことがどんどん言える」というコンセプトで書籍が作られているからです。

難易度を意識して作られているので、最初の英文は比較的短めで覚えやすくなっています。出だしの学習リズムが作りやすいですし、やり終えたときの達成感も感じやすい教材です。

②『毎日の英文法 頭の中に「英語のパターン」をつくる』
（ジェームス・M・バーダマン、朝日新聞出版）

お勧めポイント ネイティブが使うリアルな英文で英文法を学べる

中学生～高校生初級レベルの英文法をベースにした英文を学んでいきます。英文に合わせて、英文法の解説が図解とともにふんだんに

入っており、英文法の理解を深めながら進められます。ネイティブが実際に使っている自然な英語表現ばかりが収録されており、使う場面がイメージしやすくなっています。また、英文の長さが比較的短めなので、スムーズに暗記しやすいでしょう。

🌊「波乗り型」にお薦め……トップダウンアプローチの本（すぐに使える「場面別定型フレーズ」を暗記できる本）

①『英会話ペラペラビジネス100——ビジネスコミュニケーションを成功させる知的な大人の会話術』

（スティーブ・ソレイシィ、ロビン・ソレイシィ著、アルク）

お勧めポイント タイトルには「ビジネス」とあるが、汎用性の高い実用フレーズ集の決定版！

　本書は、英語で良好な関係性を築くために身につけておきたい英会話術を、100のパワーワーズ＆フレーズとともに紹介しています。

　タイトルに「ビジネス」とついていますが、非常にシンプルで、日常会話で使える実践的な内容です。特殊なビジネスシーンというより日常的に誰もが経験するシーンでの会話表現が紹介されているので、英語での自己紹介をはじめ旅行先でのコミュニケーションなどさまざまなシーンで本書のフレーズを役立てることができます。

　また、単にフレーズが羅列してあるだけでなく、言い換え練習ができる仕様になっており、ダイアログ（会話）も収録されています。したがって、シャドーイング教材として本書を活用しつつフレーズを覚えるという使い方もできます。充実の1冊です。

②『新装版 英会話1000本ノック［初級編］場面別トレーニング』
（スティーブ・ソレイシィ、コスモピア）

　お勧めポイント　初対面から旅行まで、音声シミュレーションで会話練
習ができる

　「初対面」「旅行」、さらには「英会話のレッスン」といった各場面で役
に立つフレーズを収録した本です。特に音声をフル活用して使うように
作られています。英語の質問に英語で答える練習や、日本語の文をす
ぐに英文に変換する練習など、多彩な音声トレーニングができます。

　何より、英語の音声に対して英語で答えるシミュレーション練習は、
臨場感やゲーム性が高く、楽しく学び続けられます。

記憶を強化する2つのポイント

　「英文法が身につく例文」や「場面別定型フレーズ」の暗記を効率良
く進めるための大事なポイントを押さえておきましょう。

　これまで暗記と言ってきましたが、実際に目指すのは「記憶の定着」
です。つまり、一回覚えて終わりにするのではなく長期間忘れない情
報にしていくということです。

　ちなみに、人の記憶には、大前提として「一度覚えても忘れる」とい
う特徴があります。

　誰もが、「あれ!?　覚えたはずなのに……忘れている」という経験
をしたことがあるでしょう。

　そう、忘れてしまうものなのです。人間は、生きている中で触れた
情報をすべて覚えていると、新しい情報を入れる余地がなくなり日常

生活に支障をきたしてしまいます。そこで、自分にとって重要でない情報は忘れるようにできています。つまり、一度覚えたくらいでは忘れるのが当たり前なのです。

そこで、覚えたものを忘れないようにする「記憶強化」に関して、2つのポイントを押さえましょう。

1.「インパクト」×「回数」で、記憶の定着度がアップする
2. 記憶は、「情報を思い出すとき」に強化される

それぞれを見ていきましょう。

1.「インパクト」×「回数」で、記憶の定着度がアップする

「インパクト」×「回数」＝記憶の定着

これは、いわば記憶の公式です。つまり、記憶する際にインパクトが伴う回数が増えると、あっという間に覚えられる可能性が高まります。ではここで言う「インパクト」とは何でしょうか？

以下は私の実体験です。だいぶ前に外国人比率が高いパーティーに参加する機会がありました。その際、会場の準備をしている外国人男性の知人に "Could you give me a hand?" と声をかけられました。

いきなり男性に「君の手を貸してくれないか？」と言われたと思い、「えっ！　私に気があるの?!」とドギマギしながら自分の右手を前に差し出した途端、知人は大笑い。そのとき初めて Could you give me a hand?は「手伝ってくれない?」という意味だと教えてもらって、顔から火が出るほど恥ずかしい思いをしました。

　良くも悪くも、インパクトが大きい経験のおかげで、以後、Could you give me a hand?のフレーズは絶対に忘れることがありません。このようなインパクトを伴う経験はそうそう意図してできるものではないでしょうが、**「感情」や「体験」が伴うとインパクトはアップ**します。

　一方、絶対に避けたいのは、何も考えずにただ機械的に回数だけを重ねること。「実際に使うところをイメージする」など、覚えるときに何かしら意識するポイントを押さえておくと、覚えやすくなります（→ p. 84の「イメージを意識する」）。

　ちなみに、印象やイメージを強くするのにお勧めなのが、五感を複数使うこと。例えば、英文を目で見て（視覚）、読み上げる（聴覚・身体感覚）などを行うと、黙って英文を眺めているだけのときよりもずっと暗記の効果が高くなります。

2. 記憶は、「情報を思い出すとき」に強化される

　ただ読んだり眺めたりするだけのときよりも、「テスト」を受けるときのように覚えた情報を能動的に思い出すと、記憶が強化されます。「能動的に思い出す」とは、例えば一度覚えた英文を、何も見ずに「自力で」思い出そうとする行為などのことです。記憶のこのような特徴は「テスト効果」（Test Effect）と呼ばれます。

　つまり、日々の勉強の中で、頻繁に**「テストを受けるときのような確認作業」を仕込むことで記憶が強化される**わけです。

　以上を意識しながら、実際の暗記の手順を見ていきましょう。

column　英文を覚えたときに活用した、演劇の経験

　私は20代のとき、お芝居や司会といった仕事をしていました。そのときから「セリフを覚える」という形で暗記をする必要がありました。当時、「セリフを絶対に忘れないようにするにはどうしたらいいだろう」と悩んでいたところ、ある俳優さんのエピソードを知りました。

　それは「車を運転していてもつぶやけるほど、頭にセリフをたたき込み、口にもなじませる」というもの。そのとき実際に、何気なくセリフを言いながら車を運転している様子がテレビで流れたのです。

　それから、私はセリフ暗記の極端な方法を実行し始めました。まずは丸暗記です。回数を増やし、感情が伴わなくても掃除や洗濯をしていても、口からセリフが出てくるようにするのを第一としました。

　次に、丸暗記が済んだところから感情や抑揚をつけるという工程に移ります。棒読みではなく気持ちが伝わりやすい言葉にするという手順を作ったのです。

　それから10年後。英会話の勉強としてフレーズを覚えようとしたときにも、私はこのセリフを覚える方法をそのまま活用しました。「それしか方法を知らなかったから」とも、「それが私に合ったノウハウだったから」とも言えます。そうやって、実際にうまくフレーズ暗記を進めることができました。

　単に回数を増やすだけの暗記法は、おそらく効率が悪かったのでしょう。ですが、ステップごとに目的を絞って（まず暗記するだけの作業から、次に感情を込めて言うなど）取り組むことで一心不乱に没頭できたことは確かです。

　単語やフレーズを覚えた1つの事例として、以前の私の取り組み方を紹介させていただきました。

3ステップで効率良く暗記する

　まずはスタンダードな手順を紹介し、その後に「山登り型」「波乗り型」それぞれ向けにアレンジしたお勧めの方法を見ていきましょう。

【手順】
- ●ステップ1　「例文・フレーズ」のポイントを確認する（下地作り）
- ●ステップ2　音読しながら、覚える（「インパクト」×「回数」）
- ●ステップ3　テスト形式で、覚えられたことを確認する（「テスト」）

ステップ1 「例文・フレーズ」のポイントを確認する （下地作り）

　本を開き、暗記するページを見てみましょう。「英文法が身につく例文」の本であればページごとに文法のテーマが、「場面別定型フレーズ」であれば場面の設定が書かれているはずです。まず、ページの概要を把握しましょう。
　すると、例えば
「現在進行形を学ぶページだな」
「ビジネスの初対面のあいさつだな」
　などと前提となる情報が得られ、暗記がしやすくなります。
　次に、1文ずつ英文やフレーズに目を通し、使用されている文法や、どういうシーンで使われるのかを確認しましょう。こうすると、丸暗記にならずに理解する下地が整います。
　以下に例を示します。

「英文法が身につく例文」の一例

I went to Canada to see my friend.

（この英文は、「目的、理由」を表すto不定詞が使われているな）

「場面別定型フレーズ」の一例

May I leave a message?

（「伝言をお願いできますか?」という電話のフレーズだな）

ステップ2　音読しながら、覚える
　　　　　　（「インパクト」×「回数」）

　基本的な作業としては、「英文法が身につく例文」や「場面別定型フレーズ」を10回程度音読しましょう。タイマーをセットして行います。「10回音読しよう」と思うよりも、「見開きを5分で頭に入れるぞ!」と時間を区切って取り組む方がいいでしょう。そうすると、音読した回数を頭の中で数えなくて済み、暗記に没頭できます。

　何よりもゲーム感覚がアップし、やる気と集中力が高められます（p. 162の実践者の紹介も参照してください）。

　例えば、10個の英文を10回ずつ音読すると、

英文の音読1回3秒×10回×10個の英文＝300秒＝約5分

　こんな感じです。

　一方、「インパクト」が伴うと記憶が定着しやすいと述べましたが、次に、「インパクトが伴うようにするためには、どんなことを意識して音読すればいいのか」を見ていきましょう。

● 文法への意識

　文法を意識していると、文法の理解が強化された暗記になります。

● 英語の固まりへの意識

　先ほどの英文であれば、"I went to Canada" "to see my friend." を
それぞれ固まりとして暗記するイメージです。こうすると、それぞれの
固まりを別の表現と結びつけて応用できる力につながります。

● イメージを意識する

　「英文法が身につく例文」や「場面別定型フレーズ」を使うときに、実
際に使っているシーンをイメージし、あたかも自分がしゃべっているよ
うにして声に出してみます。

　「場面別定型フレーズ」は使う場面が決まっていますから、実際に使
う様子がイメージしやすいはずです。一方「英文法が身につく例文」
は、使うシーンがイメージしにくい場合があるでしょう。

　そのときは、「単語を入れ替えたら実際に使えそうだ」と思えないか
確認してみましょう。あるいは、架空のイメージを当てはめると、高い
インパクトを伴う暗記にすることができます。

（例）

私は友人に会うためにカナダに行った。

I went to Canada to see my friend.

　　　　[つぶやき] いつ使うのかな……？

彼はフランス語を上手にしゃべります。

He speaks good French.

　　　　[つぶやき] フランス語を話す……彼？　誰だろう？

　　　　　　　　　　　　↓

私は [両親] に会うために [神戸] に行った [先週]。

I went to［Kobe］to see［my parents］［last week］.

　　　　［つぶやき］これなら自分のことになるな。

彼はフランス語を上手にしゃべります。

He speaks good French.

　　　　［つぶやき］同期のＡさんが実はフランス留学経験者だった
　　　　　　　　　と想像してみよう!

　単語を入れ替えて身近なイメージを持てるようにすると、応用力が
広がります。

　いろいろと架空のイメージをしてみると、機械的で味気なくなりがち
な練習が楽しくなります。

ステップ3　テスト形式で、覚えられたことを確認する
　　　　　　（「テスト」）

　ステップ2で「インパクト」×「回数」を用いて、見開き2ページの10
個の英文を約5分間で暗記したとしましょう。次に、本当に覚えられた
かを確認するテストをしてみましょう。

　ここで脳を使って「思い出す」という作業をすると、記憶が強化され
ます。

　なお、ここで言うテストとは、

●テキストの英文部分を隠し

●日本語訳を見て英文を言えるか?

　にトライする作業です。

　自分でテストし、覚えた英文が口から出てくればOKです。もし自分

でテストしたときに、「英文法が身につく例文」や「場面別定型フレーズ」でうまく言えなかったものがあったら、日本語訳の隣に「印（×など）」をつけておきましょう。その場でステップ2の音読に戻り、覚え直しましょう。

　覚えたことを確認するテストには、実は記憶の強化や効果測定だけではないメリットがあります。

　「テストがうまくいった」ということは、「自分なりのノウハウを習得できた」という合図になります。あとはそのノウハウを他の暗記にも活かしていくと学習がうまくいくはずです。

　一方、「5分やってみたけど、なんだかうまくいかなかったな」という人は、同じページに踏みとどまり、1ページ分覚えられるまでもう少しやりましょう。

　5分でも10分でもいいのです。「このように取り組んだら、うまくいった」という経験を手にすることが大事です。その経験が得られれば、その後に活かすことができるからです。

　ちなみに、以下が見開き1ページを暗記する際の所要時間のイメージです。

■ 暗記に必要な時間 1ページ10〜15分程度

(1)「例文・フレーズ」のポイントを確認する

　（下地作り）……………………………………………… 2〜3分

(2) 音読しながら、覚える（「インパクト」×「回数」）………… 5〜8分

(3) テスト形式で、覚えられたことを確認する（「テスト」）…… 3〜4分

　（→場合によっては(2)に戻って覚え直す）

10〜15分なら、「これならできそう！」という長さなのではないでしょうか。

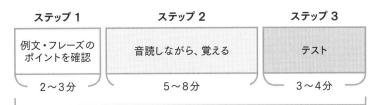

ステップ1	ステップ2	ステップ3
例文・フレーズのポイントを確認	音読しながら、覚える	テスト
2〜3分	5〜8分	3〜4分

1ページの目安は10〜15分で

実践者の紹介 「テスト」に動画撮影を取り入れているKさん

　ステップ3の「テスト」にさらなる工夫をしているKさんの例を紹介します。Kさんは、音読しながら覚えた直後に「ちゃんと覚えたか？」をテストするため、日本語だけを見ながら覚えた英文を声に出す様子を動画に撮っています。それをコーチである私に送ってきます。

　きちんと覚えたかを確認できるよう動画に残す、しかもコーチと共有するというプレッシャーを自分にかけることで、「絶対に時間内に覚えるぞ！」と覚悟を決め、集中力を発揮しています。

　また、この後に「復習」を取り上げますが、Kさんは週末に復習するときも覚えたページのテストを動画に撮って送ってくれます。このときにはちょっとしたルールを決めています。暗記した範囲のページをランダムに開き、そのページを自分が正しく暗記できているかどうかを確かめるため、暗唱している場面を動画に撮るのです（ランダムにページをめくるところから一部始終動画に残します）。

　このような作業を自分に課すことで、「取り組んだ範囲全体を仕上げるぞ！」というKさんの決意が伝わってきて、いつも感心しています。皆さんも参考にしていただければと思います。

暗記した「例文・フレーズ」を
忘れないための復習

　p. 78に書いたように、人は覚えたものを忘れます。しかし、**「自動化」（考えなくてもスラッと出てくる状態）**できるとなかなか忘れません。

　ここでは「自動化」を実現するための復習の仕方を見ていきましょう。

　暗記をした当日以降に、4つの復習方法を合わせていきます。これは、暗記するときに大事な「回数」をできるだけ多くするために行います。

月	火	水	木	金	土・日
	前日までの復習	前日までの復習	前日までの復習	前日までの復習	
新しい暗記	新しい暗記	新しい暗記	新しい暗記	新しい暗記	全範囲のテストと苦手な箇所の見直し
その日の復習	その日の復習	その日の復習	その日の復習	その日の復習	
音声を聞き、つぶやく	音声を聞き、つぶやく	音声を聞き、つぶやく	音声を聞き、つぶやく	音声を聞き、つぶやく	

1. その日の暗記を、復習で締めくくる
2. 翌日の勉強を復習から始める
3. 音声を聞き、つぶやく
4. 週末にまとめて復習する

1. その日の暗記を、復習で締めくくる

　その日の暗記が終わったタイミングで取り組んだ範囲の復習をすると、覚えたばかりなので時間がかかりません。手軽に「回数」を重ねられるという効果があります。

　本当は p. 85 で示した「テスト」をするのがよいのですが、「ざっと覚えた範囲を見直す」「音読だけをする」程度でもよいでしょう。それなら気軽に取り組めるのではないでしょうか。

2. 翌日の勉強を復習から始める

　暗記をした翌日以降、新しい範囲の暗記をする直前に、前日の復習から始めます。そうすると、復習自体がウォーミングアップになるという効果もあります。

　ちなみに、「範囲が進むと復習量がふくれ上がるのでは？」と思われる人もいるでしょうが、あらかじめ、「復習は5分だけ」などと決めておけばよいでしょう。その時間内でできる範囲の復習に取り組めば負担が少ないですし、集中力も高まります。

3. 音声を聞き、つぶやく

　音声を聞き、つぶやくというやり方で、五感をフルに活用できます。「インパクト」と「回数」（p. 83）を両方高められるので定着度が上がります。発音の特徴を真似しながらつぶやくのもお勧めです。p. 149 で

紹介する「ながら時間」を活用して取り組むとよいでしょう。

4. 週末にまとめて復習する

　週末の1日程度を「取り組んだ範囲の、全体的な復習」に当てましょう。全範囲を「テスト」する他、「英文法が身につく例文」や「場面別定型フレーズ」のうち、苦手なものを丁寧に覚え直したり、疑問点を調べて解消したりしておけば、さらに覚えやすくなります。

タイプ別・お薦めの「例文・フレーズ」暗記法

「山登り型」は「英文法が身につく例文」でスタート

　英文を自由自在に組み立てられるようになることを目指して、基礎的な英文を地道に覚えることから始めるのが、「山登り型」には合っています。

　「山登り型」の人は、「英文法が身につく例文」を学習のスタートにすると、不安がありません。ただし、「いくつ英文を暗記するか」という目標の数ばかりに意識が向かいすぎると、機械的で味気ない暗記になってしまいます。暗記した表現を応用するところをイメージしながら進めましょう。p. 82〜87で紹介した手順で確実に進めていけるはずです。

「波乗り型」は「場面別定型フレーズ」でスタート

　「波乗り型」は、覚えればすぐに使える「場面別定型フレーズ」を暗記することから始めるのがお勧めです。実際にフレーズを使っている場

面をイメージしながら楽しんで勉強を進められるはずです。

　暗記の手順は、p. 82〜87で紹介した方法に取り組みましょう。

　記憶強化のポイントと暗記の手順を振り返っておきましょう。

「記憶強化」のための2つのポイント

1.「インパクト」×「回数」で、記憶の定着具合がアップする… p. 83

2. 記憶は、「情報を思い出すとき」に強化される… p. 85

【手順】

● ステップ1　「例文・フレーズ」のポイントを確認する

　　　　　　　（下地作り）… p. 82

● ステップ2　音読しながら、覚える

　　　　　　　（「インパクト」×「回数」）… p. 83

● ステップ3　テスト形式で、覚えられたことを確認する

　　　　　　　（「テスト」）… p. 85

　あまり気負う必要はありません。「結果として暗記できちゃった」という状態を作れるような勉強の仕方が理想的です。

　例えば「5分」と時間を決めて、計りながらゲームのように覚えたり、使う場面をイメージして暗記したりすることから始めるのは特にお勧めです。

　一方、覚えたものを反復する復習では、「ざっと覚えた範囲を見直す」ことや「毎日音声を聞く」ことを大事にしてください。「テスト」をすることがプレッシャーや負担になるのであれば、思い切って省きましょ

う。とにかく「気軽に回数を増やす」という作戦を採ります。

「そんな方法で本当に覚えられるの？」と思う人もいるかもしれません。ですが、教材がすぐにでも使いたい表現ばかりであれば、これまで紹介したやり方でも「使ってみたくてしょうがない」という状態になれます。これが、プレッシャーから解放されて勉強することの大きな効果です。

ここで大事になるのが教材の選択です。「これならできそう」と思える易しめのものや、何より「使いたい！」と思える表現が紹介されている教材を選ぶことがポイントです。教材の難易度を上げすぎず、やりたいと思えるものを選べれば、「気軽に回数を増やす」という作戦で覚えていくことが可能になります。

以上のような方法で継続することができたら、「波乗り型」の人に一番お勧めしたいのは、**「実際に使える機会を作ろう」**ということです。「波乗り型」にとって、何よりも「実践」がやる気の源泉になります。「30回の音読」に勝るのが「1回の使ってみる」体験です。

これは、実際に外国人としゃべらなくても大丈夫です。家族を相手に使ってみる、外国人の背中を見て脳内でつぶやく……など、少しでも英語を使ってみる感覚を味わいましょう。

そして週末には、1週間で取り組んだ範囲の「テスト」（p. 85）をしましょう。

その結果、「65％覚えていた」という結果が出たとします。65％は、あなたにとって望ましい結果でしょうか？

英会話力アップのためのトレーニングは、満点を取ることが目標ではありません。「実際の英会話で使えるフレーズを増やす」ことが目的

です。そう割り切れば、「65％覚えていたことがわかった」なら、良い結果だったと捉えられるのではないでしょうか。

　ここで覚えられなかったフレーズが「どうしても使いたい表現」であれば、もっと実際に使うことを意識して取り組めば、結果的に必ず覚えられますから大丈夫です。

　一方で、覚えられた「65％」を中心に復習し、実際の会話の場面で活用すれば、あなたの英会話力は順調に伸びていきます。教材に収録された「英文法が身につく例文」や「場面別定型フレーズ」を全部覚えるかどうかは、あなたの判断次第でいいのです。

暗記が嫌いにならない、2つの考え方

「暗記ってなんとなく苦手……」と、ネガティブなイメージが抜けない方にお勧めなのが以下の2つの考え方です。

　1つは、**「長くやらない」と決めること。**むしろ長く取り組もうとしてはいけません。「嫌だなぁ、疲れたなぁ」と思う前に、例えば5分でさっさと切り上げるのがコツです。

　「苦痛」なまま勉強を続けると、やらなくて済む言い訳を作り出すのがうまくなってしまいます（p. 187の「クリエイティブ・アボイダンス」を参照）。そうではなく、「あ！　もう終わった」と、普通にあっさり終われるものにできるかどうかがポイントです。5分間があっという間で「せっかくならあと5分プラスしよう」と思えるようになったら暗記の成果がさらに高くなります。

もう1つは、**単純作業や反復作業は、実は伸びを感じやすい**、ということです。

　暗記は、反復して定着させる過程が面倒だという人も多いかと思います。しかし、その段階こそが伸びていることを感じるチャンスなのです。毎日同じところを復習するからこそ、「スピードがアップした」「なんだか楽になってきた」と変化が感じられます。このような「変化」は、新しいものばかりを吸収しようとしているときには感じにくいものです。

　「単純作業の中で生まれる変化は、伸びの合図」と知っておくだけでも、暗記への印象が変わるかもしれません。

教材や書籍を活かす最大のコツ

　p. 92で「大事になるのが教材の選択」と述べたように、本書では英会話力をアップさせるためのさまざまな書籍や教材を活用することを提案しています。

　紹介しているものに限らず、書籍や教材を使って学習を成功させる最大のコツは、本の特徴を知り、それに合った活用方法を選ぶこと。一方で「自分がやりやすいように教材を使うこと」も大事です。

　例えば、「いまの自分には書籍の3分の2の習得で十分」と思ったら、その部分だけにしっかり取り組めばよいのです。あるいは、黒1色刷りの書籍であればカラーペンで書き込んで愛着を持てる教材に「アレンジする」方法もあります。

　書籍・教材の持つ個性があなたにぴったり合うように工夫しましょう。

　ちなみに、「**英文法が身につく例文**」を取り上げた本は、2冊以上

取り組む必要はない、と私は考えます。「自分に合いそうだな！」と思う本があれば、それ１冊で十分です。なぜなら、収録されている文法のポイントがほぼ同じであることが多いからです。

「いつも新鮮な気持ちで取り組みたい」という人もいるかもしれません。であれば「すでに覚えた例文を使い、自分に合った単語に入れ替えて、オリジナルの例文集を作ってしまう」方が、英文を実際に使いこなす運用力をアップするには近道です。覚えられたと思っても、そこから半年〜１年は反復し続けるつもりでその本を活用してみてください。

では、英単語学習にお薦めの書籍・教材の紹介に移りましょう。

タイプ別・英会話のための英単語学習本

「山登り型」にお勧めの１冊

『データベース3000 基本英単語・熟語 [5th Edition]』
（桐原書店）

お勧めポイント 　**基礎からきっちり覚え直せる**

ごく簡単と思われる中学１年の単語から、６段階のレベルごとに高校卒業程度までの単語が収録されています。基礎の取りこぼしをせず、やり直しに適した単語本。類似の意味を持つ単語ごとにグループ分けされているので覚えやすいです。基礎からコツコツ取り組むことができ、徐々にレベルアップしながら単語力を身につけられるところが「山登り型」にぴったりです。

無料の学習アプリ『きりはらの森』を活用すれば、スマホでの学習も

可能です。

「波乗りタイプ」にお勧めの2冊

『英検3級 英単語 1350 英検ランク順』
(学研プラス)……中学卒業程度
『英検準2級 英単語 1550 英検ランク順』
(学研プラス)……高校中級程度

お勧めポイント イラストが多く、オールカラー。
情報が多すぎないのがよい

　英検の単語学習書ですが、大人が基礎単語を学び直すのにも活用
できます。カラーで見やすく、情報は絞り込まれ、類義語などの情報が
多すぎないのもポイントが高いです。
　収録されている単語数は、英検の各級に合わせて1冊ごとに絞り込
まれており、書籍が薄いのも特徴です。「これならすぐに終わりそう！」
と思えるので、単語暗記に対する心の負担を感じません。4択クイズに
取り組めるアプリ(無料)に対応しているので、気軽に楽しむことがで
き、それぞれの単語を身近に感じられるものにすることができます。

「波乗り型」にお勧めのアプリ

『mikan』シリーズ (株式会社 mikan、無料版と有料版がある)

お勧めポイント 可愛いキャラクターに応援されながら、
テンポ良く気軽に学習できる

　この後p. 98から、書籍を活用した単語の暗記について説明しますが、気軽な単語学習にお勧めしたいのがこのアプリです。中学英単語から高校、大学受験、TOEIC、英検などさまざまなカテゴリーごとに分けられた単語が収録されています。サクサクしたスピード感で取り組め、楽しく没頭できます。

　また、学習者をやる気にさせる細やかな仕掛けがあります。mikanの公式キャラクターによる励ましのメッセージが表示され、やる気を喚起してくれます。シンプルな作りになっている分、情報量はかなり絞り込まれていますが、例文などを見たいときにはオンライン上の辞書サービス「Weblio」のページを閲覧できるようになっています。

「山登り型」「波乗り型」両方にお勧めしたい1冊

『改訂版キクタン Basic4000』（一杉武史、アルク）

お勧めポイント　テキストと音声の両方で学習しやすい

「基礎的な1000単語（注）程度はマスターしている」という人にお勧めの書籍です。中学後半〜大学受験レベルの単語が難易度別に並べられ、「1日16語を勉強し、75日で完結」という形で学習します。

　単語は品詞（動詞や名詞など）ごとにまとめて収録されており、品詞を意識した暗記ができます。単語を用いた例文（フレーズとセンテンス）も豊富です。リズムに乗って「英語→日本語→英語」と読み上げられる音声は、特に反復学習を後押ししてくれるでしょう（音声再生アプリ『ALCO』にダウンロードすることも可能）。

　段階別に単語力を身につけられるだけでなく、音声で気軽に学べるところが、「山登り型」「波乗り型」の両方にぴったりです。

書籍と同名の有料学習アプリ『キクタン【Basic】4000～聞いて覚える英単語～』（アルク）を活用すれば、スマホでの学習も可能です。

（注）基礎的な1000単語
　社会生活や学習に必要な基本頻出単語として下記のサイトに出ている1000語をイメージしています。
https://en.wiktionary.org/wiki/Appendix:1000_basic_English_words

単語のおさらいで英会話が楽になる

　英会話のための単語学習については、「単語をたくさん覚えるべき」という意見もあれば、「中学高校で覚えた単語で十分」と主張する人もいます。
　いずれにせよ、「知っている（はず）の単語をもう一度おさらいすると、グッと英会話が楽になる」ことは間違いありません。ですから、「**単語学習をメインの勉強にしない**」「**単語学習ばかりをやりすぎない**」の両方に注意して学ぶことをお勧めします。

　そもそも、中学高校で習った（はず）の単語のうち、どれくらいを覚えているものでしょうか？　勉強するのが久しぶりという人であれば、だいぶ錆びついた知識になっている可能性もあります。そうなると、当然ながら知っているつもりの単語も、英会話で使えるとは限りません。
　中学高校で習う単語は、約3000語。もし大学受験を経験した人であれば、この範囲ならいまでも多くの単語が「見たことはある」「知っ

ている」と感じられるはずです。あるいは、中学で勉強した1000語程度だったら「馴染みがある！」という人も多いでしょう。

　では、次にこれらの「知っている範囲」をおさらいしておきましょう。

単語暗記の手順

　すでに「知っている単語」を英会話でも活かせるものにするために、おさらいをする手順を見ていきましょう。

　取り組み自体は、ややあいまいな単語を覚え直す「暗記」になりますから、基本的には、p. 78～p. 87で紹介した暗記のコツや手順と同じように進めます。

　ただ、すでに知っている単語ですから、負担は軽いはずです。

ステップ1　暗記する単語を確認する（理解のための下地作り）

　テキスト（例えば、p. 95～98でお勧めした単語の学習書）を開きます。これから暗記するページをざっと見て、おおよその難易度を把握しましょう。ページごとに、「天気に関する単語が収録されているページ」などのテーマがあれば確認しておきます。

　次に、各単語に目を通し、単語の意味とあわせてアクセントや発音、単語の使用例文などを見て、使い方を確認しましょう。以上は覚え直しをしやすくするための下準備です。

ステップ2　音読しながら、覚える（「インパクト」×「回数」）

　すでにここまでで、単語の記憶が戻ってきた感覚があるはずです。そこで、何度か音読してみましょう。このとき、覚える単語が含まれる例文を見ながら音読すると、実際に単語を使っているイメージが持ち

やすくなります。そうすると、暗記の「インパクト」もアップします。

ステップ3　テスト形式で、覚えられたことを確認する（「テスト」）

　英単語の部分を隠し「日本語訳を見て英単語を言えるか」をテストしましょう。この手順がポイントです。受験やTOEICでのやり方とは違って「日本語→英語」（注）で覚え直すことによって、英会話のときに口から出やすい単語に変化させることができます。

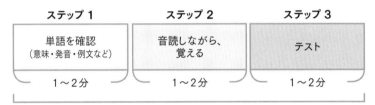

ステップ 1	ステップ 2	ステップ 3
単語を確認 （意味・発音・例文など）	音読しながら、 覚える	テスト
1〜2分	1〜2分	1〜2分

1ページ（8〜10単語程度）の目安は3〜6分で
（単語の難易度と単語帳の情報量によって変わる）

　基本的には知っているはずの単語ですから、上記のステップ1〜3は、テキスト1ページ（8〜10単語）でたった3〜6分程度のサクサクとした作業になります。

　あわせて、通勤等の移動時間に、音声やアプリで何度も復習ができるとさらによいでしょう。

（注）英単語のテキストは、どれも基本的には「英語→日本語」（英語を見て日本語を言う）形式で覚える仕様になっています。例えば、「赤シートで日本語の意味の部分を隠せるようになっている」という工夫も、「英語→日本語」暗記のためのものです。「日本語→英語」でテストする際には、以下のように派生語部分を隠すなどの工夫をしてみましょう。
　また、熟語は単語ほどには馴染みがないかもしれません。熟語を覚えてい

ない人は無理して「日本語→英語」形式に挑戦する必要はありません。熟語は
まず「英語→日本語」で覚えるようにしましょう。

（『改訂版キクタンBasic4000』一杉武史、アルク刊の一部を改変した）

↑ここの部分をうまく隠して
テストする

↑鍵型のカードなどで
隠すとよい

実践者の紹介　本を裁断して持ち運びやすくしているMさんの例

　　大学受験以来の英語学習を再開し始めたMさんは、『データベー
ス3000 基本英単語・熟語［5th Edition］』に取り組むことにしまし
た。分厚い本は持ち歩く気がしません。とはいっても「学習する最初
の段階では、アプリではなく書籍を使いたい」というのがMさんの
こだわりでした。

　　そこで、Mさんは『データベース3000 基本英単語・熟語』を6つ
のレベルごとに裁断。それぞれを薄い本にして持ち歩くようにしまし
た。この工夫で単語暗記へのハードルが心身ともに下がったMさん
は、自宅でやるだけではなくオフィスなどにも薄い本を持って行き、
単語の暗記時間を設けられるようになりました。

　　Mさんのもう1つの工夫が、p. 105で紹介するアプリ『Quizlet』
の活用です。ある程度書籍で暗記が進んだら、移動時間には
『Quizlet』を立ち上げ、アプリ内に自ら作成した、オリジナルのフラッ
シュカードの復習タイムを設けました。

　　このように、(1)本の裁断、(2)最初は書籍で学習、(3)アプリで復
習という3つの工夫によって、Mさんは順調に単語暗記を進めること
ができています。加えて、覚えたばかりの単語が聞き取れることを期
待しながら、週末にNetflixで洋画を楽しむのだそうです。

タイプ別・お薦め英単語学習法

「山登り型」は期日を短くして一気に

「山登り型」は学習を始めた最初の段階で、ある程度期日を短く設定して一気に進めましょう。そうすると、その後の英会話練習（オンライン英会話など）がグッと楽になりますし、自信も付きます。

例えば、「1カ月（4〜5週間）はインプットの期間と設定し単語の復習を終わらせる」と決めて、前掲の『改訂版キクタンBasic4000』に取り組むとします。

掲載されている語が1200語なので、1週間で240語、5週間で完了する暗記を計画します（240語×5週間＝1200語）。240語を平日の5日間に分け、1日48語ずつ取り組む（1日の暗記時間を30分）と決めます。土日には復習することで、5週間で1200語を終わらせるスケジュールです。

ただし、「1週間で240語の暗記を目指す」など一気に進めることにばかり気持ちが行くと、機械的な暗記になりかねません。掲載されている例文なども参考にして、実際に使うときのイメージを高めながら進めましょう。

なお、英単語のテキストには、派生語など詳細な情報が載っていますが、欲ばって全部覚えようとすると作業がなかなか進みません。ある程度割り切っていきましょう。

🌊「波乗り型」は気軽さ重視！ 負担のない暗記を

「波乗り型」は単語学習をコツコツやろうとしても続かない傾向があります。期間を決め、負担のないレベルの範囲を見直して、飽きる前に終わらせることをお勧めします。また、「できそう！」とは思えない単語の本に手を出すのはやめましょう。アプリや音声を活用することで楽しく取り組めると、自然と取り組む「回数」も増えていきます。

例えば、「1カ月（5週間）で単語の復習を終わらせる」と決め、前掲の『英検3級 英単語 1350 英検ランク順』に掲載されている1350語のうち単語の部分950語のみを覚え直すと決めます。すると950語÷5週間で、1週間で200語の暗記をすればよいことになります。ということは、1日約40語×平日5日（40×5＝200）やり、土日に復習します。

1日の暗記時間は20分が目安です。すぐには必要なさそうな、知らない単語の暗記には手を出さず、一度見たことのある範囲にのみ取り組むと、「わかる！」「できる！」という感覚が強くなり、スイスイ進められます。

単語を復習すると
易しい英語で話せるようになる

単語を復習すると、1つとてもいいことがあります。それは、「難しい日本語ではなく英語にしやすい日本語で考え、苦労せずに英語に置き換える能力がつく」ことです。p. 36でも「彼は王位を継承することになっている」という日本語の文を "He will be the next king." と易し

い英語で言い換えることができるとお伝えしました。ここでは他の例を見ていきましょう。

（例）「新規の案件を獲得したんです」
　これは、英語学習がだいぶ久しぶりのビジネスパーソンＹさんが、英語で言えずについ日本語で口にした表現です。
　新規、案件、獲得……と、堅い言葉が並んでいます。意識せずにこういう文を口にする人は、普段からこうした言葉を使っているのでしょう。何が問題かというと、こうした堅い日本語を使っている人は、それをそのまま英語に直してしまおうとしがちなのです。
　ところが、使える英単語が増えてくると、難しい日本語で発想して英訳していたのが、易しい日本語で発想できるようになったり、最初から易しい英語で言えるようになったりします。例えば、「新たなお客さまと働き始めた」（We have started working with a new customer.）、「新たな顧客をゲットした」（We got a new client.）などといった易しい英語の文が出てきやすくなるのです。
　このように、難しい日本語は易しい日本語に置き換えてから、少し易しい英語でしゃべるのが、英会話上達のコツの1つです。

　日頃、難易度の高い日本語で思考し仕事をしている人が、「易しい日本語で考え、易しい英語にする」には、柔軟な頭やクリエイティビティ（創造性）が必要です。また、慣れも必要になるでしょう。人によっては、頭の中で「簡単な日本語・英語に直す」というこの作業がちょっと難しい場合があります。
　そういう人の頭を柔軟にし、スムーズに英文が出てくるようにしてくれるのが、「知っている単語の復習」です。つい難しい日本語が先

行しがちだったのが、使える単語が増えることで、平易な単語が思いつきやすくなるのです。

　実際、ビジネスパーソンのYさんも、ちょうど基礎的な英単語1000語程度を復習し終えた頃には、難しい日本語を訳すのではなく、平易な単語でできた英文がスルッと口から出てくるようになりました。

 アプリ『Quizlet』でオリジナルのフラッシュカードを作り、スマホに学習を集約！

　『Quizlet』というアプリをご存じですか？　これは、オリジナルのフラッシュカード（片面に英語が、もう片面に日本語が表記されており、めくると意味が確認できる学習用カード）を作成するスマホアプリです（PCやタブレット上でも使用することができます）。
　『Quizlet』をお勧めしたい理由を挙げます。

(1) 無料で利用できる。
(2) 自分で簡単にフラッシュカードを作成できる（Excelなどからのデータの取り込みが可能）。
(3) すでに誰かが使ったフラッシュカードを、自分も使うことができる。
(4) 自動音声で読み上げをしてくれる。
(5) なかなか覚えられない単語やフレーズに★マークをつけておく。
　　すると次は★マークをつけたもののみを確認できる。こうすることで、苦手なものを絞り込める。

　このような特徴を活かして、どうしても覚えられない英文・フレーズを『Quizlet』に打ち込めば、とても手軽に復習できます。もちろん、『Quizlet』に打ち込むこと自体も復習の一環になります。
　なるべくスマホに学習を集約させたい方は、活用してみてはいかがでしょうか。

第 5 章

タイプ別学習法
アウトプット編

本書で薦める英会話学習の仕方を、
「タイプ」別に、教材紹介や実例を
交えて詳しく説明します。前章に続
き、アウトプット編です。オンライ
ン英会話の活用法も詳しく取り上げ
ます。

シャドーイングを取り入れる

　英会話は、「聞いて」「しゃべる」ことを繰り返します。つまり、聞き取れなければ会話は始まりません。当然、リスニング力のアップは会話に必須ということになります。

　ここで「シャドーイング」というトレーニングを取り上げます。**シャドーイングとは、「聞こえてきた音を聞き取る」→「少し遅れながら自分で真似をする」**というトレーニングです。

　インプットかアウトプットかで言えば、両方を同時にこなすトレーニングです。アウトプットをしながら学ぶ章の最初に、インプットとアウトプットの橋渡しをするシャドーイングに取り組みましょう。

　イメージは次の通りです。

（音声）Thank you very much for coming all the way here…
（自分の声 0.5秒程遅れて）Thank you very much for coming all the way here…
（はるはる来てくださり、ありがとうございます）

　このように影が後ろからついてくるようにして、聞き取った英語を少し遅れて言うのがシャドーイングです。

シャドーイングの効果

　シャドーイングはいろいろな力を伸ばしてくれるトレーニングです。特に英会話に関係するのは以下の2つの効果です。

- 効果1　リスニング力がアップする
- 効果2　スピーキング力がアップする

1つずつ見ていきましょう。

効果1　リスニング力がアップする

「読めばわかる簡単な英語なのに、文字を見ずに聞くとさっぱり理解できない」という経験をしたことがないでしょうか。これは私たちの中に「英語の音声ルールの蓄積が不十分である」ことを表しています。

例えば、What are you doing?を日本語っぽく読み上げると「ホワットアーユードゥーイング」、英語っぽく読み上げると「ワラユードゥーイン」になります。「ワラユードゥーイン」などと言われると、「ん？　ラー油どう?」のように「空耳」してしまって、理解できない人が出てくるわけです。

そこで、「英語の音声ルールの蓄積」を増やす方法の1つがシャドーイングです。シャドーイングをすれば、What are you doing?を「ワラユードゥーイン」と言えるようになります。言えるようになると「ワラユードゥーイン」と声をかけられても聞き取ることができ、What are you doing?（何をしているのですか？）のことだとわかります。

シャドーイングを続けると、こういった音声変化のルールが自分の中に蓄積され、英語が聞き取りやすくなっていきます。

効果2　スピーキング力がアップする

シャドーイングは「声に出す」過程で、スピーキングのトレーニングにもなっています。まず英文を真似することで、英語をきちんと聞き取り、それをそのまま再現する能力がつきます。あわせて、スムーズに発音

する力も磨かれます。中でも、シャドーイングで、英語の音の特徴である「イントネーション（高低）」と「ストレス（強弱）」を身につけられれば、とても伝わりやすい英語になります。

英語では、特に大事な意味がある単語（内容語）、つまり「伝えたい」箇所をきちんと強調します。具体的にはそこで音程がやや「高く」なり、やや音が「強く」「長く」発音されます。これは基本的には全体がフラットに発音される日本語とは大きく異なります。

ですから、シャドーイングで英語の「イントネーション」や「ストレス」を真似していると、少しずつ「大事な部分をきちんと強調する」ことができるようになり、伝わりやすい発音を身につけることができます。

つまり、**シャドーイングは聞く力もしゃべる力もアップしてくれるトレーニング**なのです。

また、TOEIC の学習をしたことのある人や、これからするという人は、リスニングセクションの音源をシャドーイング練習に活用するのもお勧めです。

タイプ別・お薦めのシャドーイング本

「山登り型」にお薦めの1冊

『ゼロからスタートシャドーイング』
（宮野智靖、ジェイ・リサーチ出版）

お勧めポイント 短文から長文へ、リアルな生音源へと
着実にステップアップ

初心者も、単語や短文のシャドーイングに取り組めます。後半になると長文のシャドーイングに移行するので、ステップアップしながら学習しやすい教材です。

教材自体のテーマもバラエティーに富んでおり、いろいろなタイプの音声を通じて、シャドーイング力をアップさせることができます。また、シャドーイングというトレーニング自体の解説もあり、まさにシャドーイングを一から始めたい人のための1冊です。

「波乗り型」にお薦めの1冊

『**仕事英会話まるごとフレーズ**』（細井京子・松岡昇、アルク）

お勧めポイント 1冊で3粒おいしい、幅広い使い勝手

仕事の各シーンにおけるダイアログが収録されており、実践的なやりとりが学べます。さらに、ビジネスの各現場で必要な表現が短文の形式でも収録されており、フレーズ集としても活用可能です。また、ビジネスでの英語による振る舞い方をすべてフローチャートでガイダンスしてくれています。1冊に実践的なノウハウが詰まっている本です。

なお、『仕事英会話まるごとフレーズ』と同じシリーズの『電話英会話まるごとフレーズ』『旅行英会話まるごとフレーズ』もお薦めです。

「山登り型」「波乗り型」両方にお薦めの1冊

『**カラー改訂版 CD付 1分間英語で自分のことを話してみる**』
（浦島久、KADOKAWA）

お勧めポイント 初心者が取り組みやすい難易度、
自分のことを話す練習になる

　タイトルの通り、1分程度で英語の自己紹介をする方法が40パターン近く収録されています。誰にとっても必須である自己紹介を疑似的に練習できる本です。

　数ある自己紹介のパターンから、自分の状況に似ているものを選んでシャドーイングしていき、会話に応用しましょう。それが実践のトレーニングにもなるので効率的です。特に「1人語り」の音声は、シャドーイング初級者にとって取り組みやすい教材になっています。

　なお、本書で紹介しきれなかったお薦めの教材を「お薦め教材リスト」として、「特典Excelシート」に収録してあります。こちらもご活用ください。

シャドーイングで効果を上げる3つのステップ

　シャドーイングを解説する専門的な本では詳細な手順が紹介されていますが、ここでは、基本的で、かつ効果のある3つのステップを軸にしましょう。

● ステップ1　英語を読んで、意味を理解する
● ステップ2　英語を聞いて、音を分析する
● ステップ3　英語を聞いて、声に出す

ステップ1　英語を読んで、意味を理解する

　わからない単語や構文があったら、和訳を確認しながら丁寧に英文を読んで意味を理解しておきます。「見たら100％わかる」という状態にしておきましょう。そうすれば英語の音が聞き取れるようになったときに、耳で聞いただけでも意味がわかるようになります。

ステップ2　英語を聞いて、音を分析する

　次に、何度も音源を聞いて、「英語の音が実際にどう発音されているのか？」を分析しましょう。その上で分析結果を書き出しておきましょう（以下の①〜⑤でやり方を解説します）。こうしておけば、音の情報がいつでもわかる状態になり、「楽譜」のような役割をしてくれます。そうすれば自分で声を出す際に心がけるポイントがすぐに確認でき、シャドーイングが効率良く進められます。

　ちなみに、英語の発音ルールの基本的なものとして、以下の5つを知っておくと役立つでしょう。

①日本語とは違う英語のイントネーション（高低）とストレス（強弱）

（例）**What** are you **do**ing?（**ワ**ラユー**ドゥ**ーイン）

　英語にははっきりした「イントネーション（高低）」と「ストレス（強弱）」があり、全体的に平たんに発音される日本語とはだいぶ違います。重要な意味がある単語（内容語）――上の例ではwhatとdoing――が強調されます。具体的にはそこで音程がやや「高く」なり、音がやや「強く」「長く」発音されます。

113

一方、補助的な単語（機能語）、上の例では are と you が弱くあい
まいに発音されます。このように「イントネーション」と「ストレス」は意
味とリンクしています。

内容語：実質的な内容を表す単語。名詞・形容詞・動詞・副詞など。
　　　　上記の例文の what（何）などの疑問詞も内容語。
機能語：文法上大事な機能を果たすが、意味はさほど重要でない単
　　　　語。代名詞・前置詞など。

　大切な情報である「内容語」を強調することは、自分が英語を話す
際、相手に理解されやすい話し方をするためにも重要です。

②子音・母音＝つながる（連結）
（例）look at「×ルックアット」「○ルッカッ」
　単語の最後の子音（look であれば k）は、次に続く単語の先頭が
母音（例えば at の a）の場合はくっついて1語のように発音されます。

③子音・子音＝前の子音がミュートする（脱落）
（例）get by「×ゲットバイ」「○ゲッバイ」
　　　Do it.「×ドゥイット」「○ドゥイッ」
　単語の最後の子音（get であれば t）は、次に続く単語の先頭が子音
（by の b）の場合はとても軽く発音されるか、発音されなくなります。
　子音がミュートするこの現象は、「子音・子音」の組み合わせのとき
だけでなく、[p/b/t/d/k/g]（破裂音といわれる子音）が文の一番最
後に来るときにもよく起きます。上記の Do it. もその例です。

④単語同士がつながると、音が変化する（同化）

（例）did you「×ディドユー」「○ディヂューー」

　　　get you「×ゲットユー」「○ゲッチュー」

　単に単語同士がつながって発音されるだけでなく、つづりのアルファベットとは異なる音に変化する場合があります。後ろの単語が [y] で始まるときに特によく起きる現象です。

　以上②～④で紹介した発音のルールは、「連結」「脱落」「同化」という英語の「音声変化」における3つの大きな特徴です。それぞれもっと詳細なルールがありますが、まずは上記の内容を知っておけば、シャドーイングに取り組むには十分です。

⑤ tの音の変形

（例）What are...「×ワッタ」「○ワラ」

　tの音は、たくさんの息と勢いのある舌の動きが必要なのですが、実際にはよく力を抜いて発音されます。そうするとtが [l] または [d] の音に変化することが多いです。このように音声変化したtを「フラップT」と呼びます。

　②～⑤は、ルールを知らないと、何度聞いてもまったく違う英語のように聞こえてしまう「空耳」のような状態が解消されません。自分で音の特徴を真似て発音できるようにすることで、発音が良くなりますし、ネイティブの英語も聞き取れるようになっていきます。

Skit 1　サイモンさんと10時に約束があるのですが。　　♪02_06

   　[グッ モー ニン グ]
Hayashi: Good morning. I'm Keisuke Hayashi of Amscray
   　Inc.

Receptionist: Ah, yes, Mr. Hayashi.

  　　[ハヴァン]　　　　　　　　　　　　　[アッテン]
Hayashi: I have an appointment with Mr. Simon at 10.

Receptionist: I'll tell Mr. Simon you're here.

  　　　[キュウ]
Hayashi: Thank you.

      　　　　　[テン ノ クロッカ ポイン　メン ティ ズ]
Receptionist: Mr. Simon, your 10 o'clock appointment is here ...
     　　　　　[ライダッ]
    Yes, I'll send him right up.

Hayashi: Oh, where do I go?

      　　[ズィ] 　　　[ダァ][トゥガ]
Receptionist: Please take the elevator to the fifth floor.

        　　( )：音がミュートする
        　　/：強調
        　　‿：連結する、ギュッとまとまる

（『仕事英会話まるごとフレーズ』細井京子・松岡昇、アルク刊に筆者が書き込みを行った）

　これまでに述べたルールを、スクリプトに書き出したのが上に載せたサンプルです。この分析結果のように「見える化」（すぐわかるようにすること）しておくと、後々シャドーイングがやりやすくなります。

　中にはカタカナで表記しているところもあります。実際の英語はカタカナでは表し切れませんが、英語の発音を覚える際の補助的な手段として書き出しておくと、とても役立ちます。

ステップ3　英語を聞いて、声に出す

　では、いよいよ実際にシャドーイングをやってみましょう。うまくできるように工程を2つに分けます。

■ オーバーラッピング　音源に重ねて、英語を読み上げる

　シャドーイングを始める前に、オーバーラッピングを行います。これは、英文を見て、音を流しながら、その音と同時に音読するトレーニングです。英語の音声に自分の声を重ねる（overlap）ことから、オーバーラッピングと呼ばれます。

　シャドーイングは「音声を聞く」「遅れて声に出す」という2つの動作を同時にしなければなりません。この際、口が動かないままだと2つの動作ができないのです。ですから先に口が音声と同じスピードで動くようにオーバーラッピングで口馴らししておくわけです。

　イメージは次の通りです。

（音声）　　　Thank you very much for coming all the way here.
（自分の声）Thank you very much for coming all the way here.

■ シャドーイング　音源に遅れて、聞こえた英語を言う

　いよいよ、「音声を聞く」「遅れて声に出す」という2つの作業を一緒に行う段階となります。文字を見ずに英語を聞き、0.5秒程度遅れて聞いたまま声に出していきましょう。

　「すでに覚えてしまった英文を改めてシャドーイングをしてもよいですか」と時々聞かれることがあります。問題ありません。

　すでに覚えている英文であっても、「音声を聞く」「遅れて声に出す」をより意識してシャドーイングに取り組むと、リスニング力アップに効果があります。

　シャドーイングがうまくできない場合は、スピードを遅めにするか、英文をはっきりと声に出すのではなく、つぶやく程度から始めるとうまくいきます。最初からうまくできる人はいません。失敗を恐れず、徐々

に慣れていきましょう。

実際の学習者の様子　Kさんの場合

　以下はTOEIC学習者のKさんが毎日40分程度のシャドーイングに取り組んだ際の報告です。

1/14　スマホに音源をダウンロードした上で、毎日帰宅後に進める予定。この日から早速シャドーイングを始める。

1/25　シャドーイングをしていると、脳が酸欠状態になるような感覚でとても疲れる。終わった後にボーッとしてしまう（口も疲れるが）。しっかり脳を使えているということだと思って引き続き取り組むことにする。

2/1　繰り返してもなかなか口がついていかない文も、ねばって取り組む。

2/7　うまく聞き取れないところも、じっくり分析して音をカタカナで書き出すと口がついていく。1週間あればほぼ全部キレイにシャドーイングできるようになってきた。

2/11　シャドーイング直後に、海外ドラマがすごく聞き取れる日があった。シャドーイングをやる意味を深く感じたし効果が出てきている。

2/20　前よりも短い時間で音声に追いつけるようになった。試しに、シャドーイングしている音源で速聴（速いスピードでのリスニング）に取り組んだ。2倍にして聞いたら、普通の速さ（1倍）がすごくゆっくりに聞こえた。そして1倍に戻した後のシャドーイングがすごく簡単にできたので驚いた。

　Kさんは、2カ月間シャドーイングをした後、TOEICのリスニングセ

クションで点数が100点アップし、トータルの点数が670点から845点
へと175点アップしました。

タイプ別・シャドーイングの取り組み方

「山登り型」にお勧めのシャドーイングの取り組み方

(1)目標の回数や時間を決め、メモに残そう

　毎日の声出しをする回数や時間を決めておきましょう。例えば、1分
程度の教材を1日30回（30分）シャドーイングしたとします。1週間後
に「おぉ、200回を超えた！」と積み上がっていく回数が達成感となり、
やる気や自信につながります。

(2)「英語を聞いて、音を分析する」

　丁寧に地固めして準備していくと、シャドーイングまでのプロセスがス
ムーズに進みます。特に、ステップの2番目にある、「英語を聞いて、音を
分析する」（p. 113）を大事にして取り組みましょう。それをやると、英
語の音に対する理解が着実に積み上がっていく達成感があります。

「波乗り型」にお勧めのシャドーイングの取り組み方

(1)いきなりシャドーイング

「波乗り型」は、細かい手順で手が止まるのであれば、むしろ飛ばし
ても大丈夫です。早々にシャドーイングを始めましょう。

　いきなりやると当然ハードルが高くなりますが、最初はアワアワ言う

だけになっても大丈夫です。アプリなどに搭載されている速度調節機能を活用して音声のスピードを落とすこともできるので、とにかくやってみることをお勧めします。

■ (2) 全体の感じをつかむ

声に出す際は、英語の「イントネーション（高低）」や「ストレス（強弱）」を真似ることを意識しましょう。細部の再現にこだわらず、「全体的にざっくりシャドーイングできる」状態にできれば、楽しさがアップします。そのまま継続していければ、細部も含めて全体的に正確に真似をするシャドーイングができるようになっていくでしょう。

「波乗り型」は特に自分の発音が「英語っぽくなってきた」と感じられたり、あたかも自分がしゃべっているかのように余裕を持ってシャドーイングできるようになったりすると、夢中になれます。

会話の「リハーサル」として、「1人練習」する

第4章で英文の暗記や単語の学習など「インプット」をする方法を見てきました。それも大事ですが、インプットしただけでは、そのままリアルな会話で使いこなせるようにはなりません。

インプットをした後に、実践のアウトプットまでの橋渡しとなる「リハーサル」という取り組みがあると、英会話の力はグンと伸びます。そこで、この「リハーサル」をやってみましょう。

p. 49で触れた第2言語習得論（SLA）の中の「リハーサル」とは、いきなりしゃべることではありません。しゃべる前に「言おうとすることを頭の中でシミュレーションすること」です。それをここでは、声に出すこ

とも含めた「1人練習」と解釈して、いくつかの方法を見ていきましょう。

「1人練習」はこうやろう

　1人で練習する方法は、いろいろあります。例えば、ぶつぶつ独り言を言うことから、日記を書くこと、SNSなどに英語の投稿をすることも練習になります。もっと気合を入れて仕事のプレゼンを英語で準備することなども「1人練習」になります。

　ここでは、3つの方法をお勧めします。それは、

(1) 歩きながらでも気軽に取り組める「1人つぶやき練習」

(2) 覚えた例文・フレーズを応用力に変換できる「オリジナル作文練習」

(3) アイデアの発想力や話の構成力を磨ける「フレームワークを活用した1人練習」

です。1つずつ見ていきましょう。

(1) 歩きながらでも気軽に取り組める「1人つぶやき練習」

　これは、歩いているときなどの独り言に当たります。「英語で独り言なんて……」と思う人もいるかもしれませんが、この方法だと難易度を比較的うまくコントロールすることができます。

　気軽にできる方法の1つが、**目の前に見えるものを、実況中継することです。**

　例えば、街中を歩いているとしましょう。

This cafe has a good view and delicious coffee. Oh, by the way, it's particularly crowded around here. Everyone looks so busy. Good luck! (このカフェは眺めが良くてコーヒーもおいしいんだよなぁ。ところで、この辺りは今日特に混んでいるなぁ。みんな忙しそうだな。がんばって!)

　こんなふうに見たことや感じたことを脳内でつぶやくのです。もっと1文を短くして、例えば「A is B (SVC)の文」(例:This coffee is good.)といった超シンプルな英文のみでも脳内1人つぶやきは成り立ちます。そして、すでに覚えた文法にのっとった英文をもとに作文すれば、(脳内ではありますが)「応用できた」と実感できる「実績」を積むことができます。

(2) 覚えた例文・フレーズを応用力に変換できる
　　「オリジナル作文練習」

　p. 78〜87で紹介した例文やフレーズの暗記法により習得したものを、自分仕様にアレンジしてノートなどに書き出しましょう。暗記した例文やフレーズを応用して使えるようになると、ようやく実用的な力が付いたという感触を得られます。

　前ページで紹介した「1人つぶやき練習」でも応用練習はできますが、ここでは自分仕様にアレンジした例文やフレーズを書き出してストックする方法をやってみましょう。そうすることで見直しができると、オンライン英会話の準備にもつながります。

　しかし「オリジナルのフレーズにアレンジして、と言われても、実際にはパッと思いつかない」という人もいるかもしれません。そういう人は、内容が"自分仕様"かはさておき、「覚えたフレーズに、別の単語

を入れて英作文してみる」と考えると取り組みやすいのではないでしょうか。テキストによっては応用力を鍛える目的で英作文の実践問題を収録しているものもありますので、それらを活用してもいいでしょう。

　例えば、p. 77で紹介した『**英会話ペラペラビジネス100**』であれば、p. 140〜141に We decided to use another company.（他の会社にお願いすることになりました）、We decided not to do it right now.（今回は見送ることにしました）というフレーズが掲載されています。それらを、

→I decided to try something new.

　（何か新しいことに挑戦するって決めた）

→I decided not to wait for the bus and started to walk.

　（バスを待たないことにして歩き始めた）

　などの要領で、単語を入れ替えて英作文してみましょう。その際、なかなか覚えられなかった単語を入れて練習すると一石二鳥です。

(3) アイデアの発想力や話の構成力を磨ける
「フレームワークを活用した1人練習」

　フレームワーク（練習の枠組み）を使ったアウトプットの練習にはいろいろな効果があります。具体的には、「いろいろなアイデアを思いつけるようになる」「話の構成などを意識できるようになる」などの効果です。

　しっかり書き残してストックすることもできますから、実際の会話やオンライン英会話に向けた準備にもなります。ここでは2つの練習方法を見ていきましょう。

■ マンダラチャート

　最初に紹介するフレームワーク（練習の枠組み）がマンダラチャートです。マンダラチャートとは以下のマス目のこと。これを使うと「空いているマスを埋めよう」という意識が働きます。マスなしで考えているよりも、より多くのアイデアが引き出されます。

　英語で話すトピックを数多く考え出したいときにぴったりです。

(1) 真ん中に、話したいテーマを書き入れます。➡**特典Excelシート②**

	自己紹介	

What: 何を
When: いつ
Where: どこで
Who: 誰が
Why: なぜ
How: どのように
（how many/
how long など）

(2) 話したいテーマが「自己紹介」と決まったら、次に、自己紹介で話せるトピックを8つ書き入れていきます。マス目を全部埋めるコツは、トピックのハードルを高くしすぎないことです。

　8つのマス目を埋めればそれだけ話せることが増えますが、慣れないうちはそんなに多くのトピックが思い浮かばないかもしれません。もちろんいくつのマス目を埋めるかについては臨機応変に変更して構いません。

　ただ、マス目と向き合うことで、人は「マスが空いているので何かを書こう」という意識が働き、トピックが浮かびやすくなる傾向があります。気軽にマスを埋めてみましょう。

Hobbies — Listening to jazz	Overseas Trip — Bali	Birthday — in winter
Pets — Mimi, cat	自己紹介	Dream — world trip
Family —3 people — I love them.	Hometown — rural area — once a year	Work — marketing — new project

What: 何を
When: いつ
Where: どこで
Who: 誰が
Why: なぜ
How: どのように
（how much/
how many/
how long など）

　8つの空白が埋まりました。これを見てしゃべるだけで、自己紹介で伝えられることが8つもあることになります。これでとりあえず、「しゃべる内容がない」という事態は避けられるはずです。

(3) 次に、書き入れたそれぞれのトピックに対してアイデアを膨らませます。ここでは、「5W1H」の発想に助けを借ります。マンダラチャートの横に「What, When, Where, Who, Why, How」と書いてあります。これを話のきっかけにして、内容を考えます。

　例えば、テーマが「趣味（Hobbies）」であれば、

—What（何）
—When（いつ）
—Where（どこ）

　などを活用してみましょう。

I really like listening to jazz. Nowadays I listen to jazz on YouTube before going to sleep. It's very relaxing. （ジャズを聞くのがとても好きです。最近は寝る前にYouTubeでジャズを聞きます。とてもリラックスできます）

こんな感じで文を作り、口に出してみます。

■ PREP法

「PREP（プレップ）法」とは、論理的に話を組み立てるときのフレームワークの1つです。

最初に「結論（Point）」を述べ、次にその「理由（Reason）」と「具体例（Example）」を挙げます。その上で、最後にもう一度「結論（Point）」を述べるというものです。p. 36でも「結論を先に伝える」という英語の特徴について述べましたが、PREP法はまさに結論ファーストのフレームワークですから、英語で話すための練習にぴったりです。

結論（Point）	
理由（Reason）	
具体例（Example）	
結論（Point）	

まずは結論（例：私はこう思います）を述べ、その後に理由や根拠を説明するという順番を意識した話し方にトライしましょう。別に「理路整然と論理的に伝えなければならない！」と構える必要はありません。PREP法は仕事や日常的なトピックにも活用できます。

使い方は簡単です。

(1) まず、話したいトピックをPREPに当てはめて内容を考えます。

（例）トピック：地元

P（結論）：地元の街が好き！

R（理由）：便利だから

E（具体例）：駅も大きいし、いろんな店があるし……
P（結論）：いままで住んだ中で最高！

(2) それを英語でフレームワークの表に書き出し、それを見ながら改めて口に出してみます。慣れてきたら、まずしゃべってみてから、その後で表に書き留めておくという順番にしましょう。

結論（Point）	I like the town where I live.
理由（Reason）	That's because it's totally convenient.
具体例（Example）	The station is big, there are so many shops...
結論（Point）	Therefore, ○○ is the best town I've ever lived in!

　このPREP法を使うことで、話の順番を英語寄りにし、論理的にするトレーニングをしましょう（特典Excelシート③をお使いください）。さらに表の中の英語をシンプルにすることで、いまの英語力でもグンと伝わりやすくなります。

　なお、上記の例のように「理由が1つだけのPREP練習」は気軽にできるという良さがあります。もっとレベルを上げて、例えば、「理由と具体例を3セットずつ出す」と決めて練習をすると、仕事におけるディスカッションやプレゼンの力がつくでしょう。

　また、PREPでは、例えば、「R（理由）That's because...（なぜなら〜です）」「E（具体例）Let me explain in detail.（詳細を説明させてください）」など、活用できるフレーズがほぼ決まっています。

　こういったフレーズをうまく取り入れれば、PREP法によって伝える力を効果的にアップすることができるでしょう。

　平日と週末の学習でメリハリをつけたいと思っていたKさんは、週末に机に向かって30個のオリジナル英文を作成することにしました。オリジナル英文は手書きするよりもパソコンでタイプすれば、スペルのミスも自動的に修正され、ほとんどストレスなく進められます。また、週末に作るオリジナル英文の中に「平日に覚えた英文やフレーズがどれだけ出てくるか?」を知ることで、自分がどれだけ覚えられたかを試す機会にもなり、成長を感じられるそうです。

　毎週30個ずつ作ったオリジナル英文は、気がつけば200以上になっていました。Kさんはもともと、英語をしゃべることが苦手で、オンライン英会話などへの抵抗がとても大きかったそうです。しかしパソコンのデータとしてたまった英文を見て、徐々に話すことへの抵抗感が薄らいでいきました。

　次にKさんは、インターネットで検索中、Can you hear me clearly?(はっきり聞こえますか?)、What would you like me to call you?(なんと呼んでほしいですか?)、I hope to see you again soon.(またお目にかかれるのを楽しみにしています)など「オンライン英会話でよく先生が言うフレーズ」を発見します。それらのフレーズに答えられるように、オリジナル英作文を追加するようにもなりました。

　これらの作業を経て、Kさんは覚えた英文が自分のものとして使いこなせるようになっていきました。それだけでなく、実際に英会話をする際の心理的なハードルが下がり、オンライン英会話や実際に英語で話す場面でもためらわずにしゃべれるようになったのです。

タイプ別・お薦めの「1人練習」の仕方

「山登り型」はオリジナル例文作成で伸びを感じる

「山登り型」は、p. 122で紹介した「オリジナル作文練習」に取り組みましょう。そのときに作成した例文やフレーズをコツコツと書きためて、形に残しながら進めると達成感が得やすいです。その際、書きためた表現の中で実際の会話でも活用できたものに印をつけておくといいです。

「結果を目指してステップアップしていく」のが得意な「山登り型」にとっては、PREP法も使いやすいはずです。

一方、「山登り型」は「正しい内容や正しい英語をしゃべらなければ」と理想を高く設定してしまうため、それに縛られる可能性もあります。「10分で10個の英文を書き出す」のように、時間の締め切り(目標)を設定すると、内容や正しさにこだわるハードルが下がって進めやすくなります。

「話した英語が正しいかどうかわからない」と思う場合、オンライン英会話などを利用できれば、しゃべったことを直してもらえます。

とにかく「山登り型」の人には、間違いを恐れずにしゃべる(書く)という場数を踏んでいただきたいのです。とはいえ、「話した英語が正しいのかどうかがどうしても気になる」という人もいるでしょう。そういう人は、無料で英文の添削をしてくれるサービスである「Grammarly」(https://www.grammarly.com/)や「Ginger」(https://www.gingersoftware.com/)などのウェブサイトを活用するのもお勧めです。

「波乗り型」は実際の会話をイメージするなどして 楽しめるかが鍵

「波乗り型」はとにかく楽しめるかどうかが大事ですから、「1人練習」も気に入れば、気軽に続けられるはずです。お勧めなのは刺激のある環境に身を置いてみることです。歩きながらでもいいですし、外が見えるカフェなども目から耳からどんどん情報が入ってきます。そのような環境がいい刺激となって、英語でつぶやく内容をどんどん思いつきます。

また、オンライン英会話レッスンの直前にしゃべる内容を考えるなど、実際の会話に臨める準備をするのは、やる気も起きやすく、お勧めです。

レッスンの前に、「その日の出来事」や「特にうれしかったこと」などを振り返っておくのも役に立ちます。すると、オンライン英会話の冒頭で "How was your day?"（今日はどんな1日でしたか？）などと先生に聞かれたときの答えの幅が広がり、やりとりを楽しむことができる可能性がアップします。

ただし、「波乗り型」の場合、間違えを恐れない半面、新しく学んだ表現を活用するより、よく使うフレーズで済ましてしまいがちです。自分のものにしたいフレーズなどを1つでも意識して活用できると、使える表現が増えますし、会話力の伸びにつながっていきます。

PREP法のようなフレームワークは、窮屈に感じるかもしれません。PREP法は、必要に応じて論理的に話すためのトレーニングとして活用しましょう。

オンライン英会話で
「例文・フレーズ」をアウトプット

　インプットしたものを「1人練習」で活用し、さらに実際にアウトプット（英会話）することで、実践における気づきや学びが深まります。

　そこで活用したいのがオンライン英会話。1回25分のレッスンを、いつでもどこでも受けられ、アウトプットの機会として非常に手軽で便利です（オンライン英会話は1回25分のレッスンが多いので、本書では1レッスンは25分として話を進めます）。費用も英会話スクールに比べて安価なので、ぜひフル活用してみませんか？

　オンライン英会話のレッスン内容は、例えばテキストを使った「日常会話」「旅行会話」「ビジネス英語」といったものから、アドリブで自分の意見を伝える「ディスカッション」や「フリートーク」まであったりします。自分が希望するレッスン内容を受講できるケースがほとんどです。

　では、幅広い選択肢の中で、どんなものを選ぶのがよいのでしょうか？「インプットした単語や英文を、積極的にアウトプットしたい」と考える人は、アドリブが多いレッスンがよさそうです。

　ただし、「フリートーク」のレッスンを受けても、25分間も話す内容がないかもしれません。また、「ニュース」を読んでディスカッションするレッスンだと、「実はトピックが難しい」「自分の意見がないので議論できない」などの状況に陥りがちです。その結果、冷や汗ばかりをかく時間になる場合もあります。

　これは、「日本語でも無理かもしれない」ことに英語でチャレンジす

るのと同じです。例えば、「1人練習」で事前に話す内容を決めてお
けば、効果的なアウトプットの場にすることがきます。

　初級者の人は、「アドリブが多いレッスンは難しい」と思うかもしれ
ません。そこでテキストのあるレッスンを受けると、今度は「先生の後
についてテキストを読むだけでつまらない」と感じたりもします。

　その場合、以下のようなレッスン構成を意識することで、充実度を上
げることができます。

初級者はテキストを用いたレッスンを選び、
あわせてアドリブ時間を設けよう

　以下は、オンライン英会話サービスが提供しているテキスト（主に
ウェブ上で閲覧できる教材）を用いたレッスンを受けるとき、意識する
とよい25分間のレッスンの流れです。

▧ アドリブで自己紹介（ただし、事前準備をしておく）

　レッスンの冒頭で、準備した通りに自己紹介をします。それができれ
ば、「しゃべれた！」と自信を付ける機会となります。

　毎回、同じ自己紹介ばかりで飽きたら、内容をちょっとずつアレン
ジするといいでしょう。そうすれば、自分に関して話せる内容が膨らん
でいきます。

▧ テキストを用いたレッスン（リピートのレッスン）

　ここでは緊張せず安心してできるよう、テキストに沿った練習をしま
しょう。

■ アドリブで質疑応答（質問のフレーズを使う機会にする）

「先生に質問する」フレーズをいくつか覚えておいて、レッスンで使ってみましょう。先生の言ったことを単にリピートするだけのレッスンで終わらせず、「自らしゃべった」という実績を積むことができます。

中級者は「ニュース」を用いたレッスンにし、予習の時間も作ろう

次に、「ニュース」を用いたレッスンで心がけるとよい点をお伝えします。

■ 事前の準備

自分がレッスンで使いたいニュース教材を選んで、下読みしておきます。あわせて、そのニュースに対する自分の意見を考えておきましょう。

英語で書き出したり一度英語で声に出して読んだりしておければ、理想的です。日本語で意見を考えておくだけでも、まったく何もしないよりレッスン本番が充実します。

■ ニュースを用いたレッスン（ニュースを読み、意見を述べる）

先生によってはニュースを音読させるという進め方をする人がいます。なるべくたくさんしゃべりたいと思うときには、"Can we skip...?"（〜はスキップしていいですか？）と飛ばしたい箇所を伝え、うまくレッスンの内容をコントロールしましょう。

自分の意見を述べる際には、p. 126で紹介した「PREP法」の構成を意識したトークの展開にすると、考えがまとまりやすく、伝わりやすくなります。

「テキストを用いたレッスン」と「ニュースを用いたレッスン」の2パター
ンは、どのオンライン英会話サービスでも提供していますから、ここま
で述べたことをぜひ参考にしてください。

　その他、レッスン内容に必ずあるのが「フリートーク」です。「英語会
議の前に練習をする」などと自分の事情に合わせたレッスン内容にす
ることができたり、「事前に練習した内容を使って話してみる」など、「1
人練習」の成果を試す場としても活用できたりするのが「フリートーク」
の良いところです。

　一方で、まったくトピックを決めずに「フリートーク」に臨むと、場合に
よっては日本語でも大して意見を持ち合わせていない内容に関して英
語で話さなければならなくなったりします。内容を苦労して考え出すの
と、考えた内容を英語にするのと二重の負荷がかかってしまいます。
「フリートークに慣れている方」「日本語でもおしゃべりが好きな人」
以外は、「フリートーク」を使う際、話すトピックを決めてから臨んだ方
がよいでしょう。

実践者の紹介 褒め上手な先生を選んでオンライン英会話に
取り組むSさん

　「自分だけだとやる気が出ないけれど、誰かと約束していると思え
ばやろうという気になる」と言うSさんは、オンライン英会話を毎日
継続しています。ほとんどは1日2回の受講です。
　Sさんは、「ニュース」の教材で1日2回とも同じテーマを選ぶのだ
そうです。こうすると、事前にニュースを読む準備をするのは1回で
済みます。さらに、1回目でうまくいかなかったところを踏まえて2回
目にトライすると、「2回目で、しっかり勉強したことを発表できた感じ

がする」のだそうです。

　また、先生選びのポイントは「褒めるのが上手な人」。1日2回の受講では、そのうち1回は必ず新しい先生との出会いを大事にし、褒め上手な先生を探します。さらに、自己紹介をする機会を設けることで、言い慣れた表現をさらにブラッシュアップしているそうです。

　間違えた表現などは、先生にチャットボックスに打ち込んでもらいます。レッスンが終了したらそれらをコピーしてためておくことで、復習に活用しています。

タイプ別・お薦めオンライン英会話活用法

「山登り型」は受講回数・時間を増やすのを励みに

「目標を決めてステップアップしていくこと」「コツコツ積み上げていくこと」が得意な「山登り型」は、オンライン英会話を受講した回数が増えていくことがやる気につながるでしょう。

「1人練習」で少しでも話す内容を練習したり、「今回はこの表現を使う」（例：「比較表現を使う」など）と決めたりしてレッスンに入れば、インプットがアウトプットにつながっている感覚をより強く実感しやすくなります。あるいは、使えた表現には印をつけておくと、達成の度合いが可視化できます。

　ただ、本番では必ず「うまくいかない」経験をします。それを「間違えを恐れなくなる」「度胸のレベルが上がる」とポジティブに捉え、間違いや失敗を気づきに変えていきましょう。

「波乗り型」はお気に入りの先生を見つけよう

「波乗り型」は、レッスン内容を楽しく感じられるかどうかが何より大事です。「お勉強」という感じが出てくると嫌になってしまうかもしれません。まずは「間違ってもいいからしゃべろう」という持ち前の積極性を大事にし、少しでもワクワクでき、興味が湧く内容のレッスンを選んで受講しましょう。

「波乗り型」は実践的な感覚を大事にし、コミュニケーション自体を楽しむのが好きです。自分が話す時間が減りすぎない程度に、先生に話を振ってインタラクティブ（相互）なやりとりを楽しむのもお勧めです。そのためには、話が弾むお気に入りの先生を何人か探しておくことが、続けられるコツです。

何よりも大事なのは、「**できる**」感覚を「**できない**」感覚よりも増やすこと。「**楽しい**」を「**つまらない**」よりも、意識的に増やすことも大事です。こうやっていくと、英語力アップの前に立ちはだかる「**続けられない**」という壁をうまく乗り越えることができるのです。

タイプ別・学習の組み合わせ方

第4〜5章を通してさまざまな学習法を紹介してきました。すでに知っている学習法が多いと思った人もいれば、新しい内容ばかりで頭がパンクしそうな人もいるかもしれません。いずれの人もお疲れさまでした！

ここまでで紹介した学習方法を、3カ月くらいの期間で実行するとしたら、どのように組み合わせるのがよいでしょうか？

　紹介してきた学習のすべてに取り組めば、それぞれの勉強法が狙いとしている力が付いてきます。ですが、続けやすさや好みを踏まえると、「山登り型」「波乗り型」で学習の優先順位が変わってきます。そこで、以下のように考えるとよいでしょう。

🏔 「山登り型」の組み合わせ例

【1〜3カ月目】「英文法が身につく例文」を学び、「単語力」を磨く
【2〜3カ月目】「シャドーイング」でリスニング力を磨く
【2〜3カ月目】「1人練習」で、「英文法が身につく例文」と「単語」を
　　　　　　　応用する
【3カ月目】「オンライン英会話」で実践を積む
【3カ月目】「場面別定型フレーズ」を覚える

「山登り型」へのアドバイス

　基礎から積み上げ、自信をつけた状態で実践に入っていく流れを作りましょう。ただし、「インプットがすべて完璧になってからオンライン英会話を始めよう」などと考えていると、いつまでたっても実践練習ができません。期日を決めて、実践練習を取り入れていくようにしましょう。

　学習のスタート時には、学習すればするほど、実力を身につけることができるでしょう。そこからさらに伸びるかどうかのポイントは、「オンライン英会話」などの実践練習に入った際に「間違えてもいいからしゃべろう」という心構えを持ち続けることができるかどうかによります。誰にも怒られるわけではないので、ぜひ失敗を恐れず取り組んでみてください。

🌊 「波乗り型」の組み合わせ例

【1〜3カ月目】「場面別定型フレーズ」を覚える

【1〜3カ月目】「1人練習」を行い、実践のイメージを持つ

【1〜3カ月目】「オンライン英会話」で実践を積む

【2〜3カ月目】「シャドーイング」でリスニング力を磨く

【3カ月目】「英文法が身につく例文」を学び、「単語」の力を磨く

▦ 「波乗り型」へのアドバイス

「場面別定型フレーズ」を覚える、といっても、「本を1冊終わらせる」ところまでは目指さなくて構いません。最初のあいさつなどコミュニケーションに必要なやりとりを学んだら、すぐに「どんな自己紹介をしようかな?」などとマンダラチャート(p. 124)を活用して考え始めましょう。そしてすぐに「オンライン英会話」で実践してみましょう。

このようにインプットとアウトプットの間を空けないことが、「波乗り型」のやる気をアップさせます。「自分にはさらなる英語力の底上げや基礎のやり直しが必要だ」と思ったタイミングで、「英文法が身につく例文」や「単語」の暗記学習を取り入れましょう。そうすると、嫌々ではなく主体的にインプットに取り組めます。

以上で述べたことを参考にしながら、次の章では実際に勉強の計画を立てていきましょう。

セルフコーチングⅢ
学習計画を立て、実行する

セルフコーチングの成功に欠かせない「PDCA」サイクルによる、学習の好循環の作り方を伝授します。まずは、「学習計画（Plan）」の上手な作り方と、「学習実行（Do）」のコツを取り上げます。

PDCA① 学習計画（Plan）を立てる

　ここからは、通常はビジネスの効率や製品の品質を改善するためのある手法に沿って、学習のプランニングから、実行、評価・改善までの流れを紹介します。その手法とは、第1章で触れたPDCA（Plan［計画］→ Do［実行］→ Check［評価］→ Action［改善］）サイクルです。

　第6章ではPlan（計画）とDo（実行）の実践方法やコツ、第7章ではCheck（評価）とAction（改善）に触れていきます。PDCAは、ビジネスパーソンにはお馴染みの手法かもしれませんが、本書では、特にCheckとActionに重点を置いているのが特徴です。

　まずは、実際に3カ月の学習プランを立ててみましょう。本書では「学習計画カレンダー」と「学習進捗管理シート」を使いながら進めていきます。**「学習計画カレンダー」**と**「学習進捗管理シート」**は「特典Excelシート」に含まれていますから、ダウンロードして書き込んでください。

　では下記の7点に取り組んでいきましょう。

1. 現状を再確認する
2. 目標を再設定する　　　　　　　　　　　 ｝第1〜2章のおさらいです
3. Will（意志・意欲または想い）を再確認する

4. 3カ月の学習コンセプトを考える
5. 1カ月ごとの学習イメージを持つ
6. 勉強内容を挙げ、学習時間を確保する

7. 学習スケジュールを作る

　1つずつ見ていきましょう。

1. 現状を再確認する

　学習計画（Plan）には、あなたの現状を改善する内容を盛り込んでいく必要があります。そこで、GROWモデル（p. 24）の中の1つである「現状」（Reality）をもう一度確認しておきましょう。

　すでにp. 27で書き出した**「現状の悩み」を、ここでは「強化したい具体的な英語力」の形に変えて書き出してみましょう**。こうすると、学習計画に落とし込んでいくことができます。

　例えば、p. 30で、

「リスニングが苦手です。聞き取れなければ会話になりません。one on one（1対1）の英語会議で、バッチリ意思疎通できるようになりたいです」

「英会話のレッスンでは先生が合わせてくれますが、仕事では全然うまくしゃべれません。このまま続けても効率が良くない気がします。勉強を見直したいです」

　などの「現状の悩み」を取り上げました。ここではその悩みを「強化したい具体的な英語力」「取り組みたいこと」の形に変えてみてほしいのです。例えば、「リスニングが苦手」なら「強化したい英語力」は「英語特有の発音を聞き取れるようになる」になるでしょうし、「取り組みたいこと」に変えて、「英会話をする場数を増やす」としてもいいです。

「仕事ではうまくしゃべれない」なら「強化したい英語力」は「英文をパッと言える力」などになるでしょう。「取り組みたいこと」に変えて、

「相手の意見に対して、Yes/Noの意思を表示するだけでなく、その後自分で続けてしゃべる力を磨く」などと書き出すこともできるでしょう。

このような要領で、下のボックスに書き込んでみてください。

Q. あなたは、英会話力をアップさせるために、どんな力を向上させていきたいですか？　→**特典Excelシート④**

書き込めたでしょうか？　では次に進みます。

2. 目標を再設定する

学習計画は、現状を改善すると述べるだけでなく、具体的な目標に向かう内容にする必要があります。ここで改めて、「3カ月後に達成したい目標」を考えてみましょう。

すでにp. 41で触れましたが、目標には2つの種類がありました。

結果目標……未来に手に入れたい結果
　（例）「3カ月後に、one on one（1対1）の英語会議で、バッチリ意思疎通できるようになる」
行動目標……「結果目標」にたどり着くために必要な具体的行動
　（例）「3カ月間、英語学習時間100時間」「フレーズ200文暗記」

　3カ月後に達成したいことを、「結果目標」の形で、なるべく具体的に思い描きます。また「行動目標」はこの後に洗い出しますが、すでに思い浮かんでいる場合は書き出しておきましょう。

Q. あなたが、3カ月後に達成したい目標は何ですか？

→ **特典 Excel シート④**

「結果目標」   「行動目標」

　書き込んだら次に進みます。

3. Will（意志・意欲または想い）を再確認する

　人は十分なWill（意志・意欲または想い）があれば、自然と行動を起こすものです。では、あなたのWillは何ですか？
　p. 43のボックスも参照しながら、改めてWillを再確認し、書き留めておきましょう。

Q. どうして英会話の力をアップさせたいのですか？　あなたのいま
　の「想い」を書き出してみましょう。　→ **特典 Excel シート④**

（空欄）

　次の2人の例からは、それぞれが持つ Will（想い）の強さが伝わっ
てきます。参考にしてみてください。

● 外資営業職のAさん
「業界での専門知識と営業スキルには自信があるのに、英語が苦手
というだけで同僚のHさんよりも評価が下がる。そんなのは絶対に悔
しい。自らの意見をキチンと英語で発信し自分の評価を上げたい」

● 福祉関係の仕事をするMさん
「世界の看護・介護の現場で活動する仲間たちと英語でしゃべり合い
たい。そのとき、看護や介護の現場で自分が感じた『あったかい気持
ち』や『悲しい気持ち』などを伝え合いたい」

　書き込めたら次に進みます。

4. 3カ月の学習コンセプトを考える

　ここから具体的な学習計画を立てるにあたり、「山登り型」「波乗り

型」それぞれに対するお勧めの方法を紹介しながら進めていきます。

　まず、具体的な学習計画を立てる前に、3カ月間の基本コンセプト（学習計画のもととなるもの）を考えてみましょう。あなたはどんな3カ月にしたいですか？

「山登り型」は、例えば、

「計画性をもって、真の実力をつける」……基礎から着実に積み上げて、3カ月で結果的に英語力を伸ばす

　などのコンセプトが考えられます。

　一方、「波乗り型」なら、例えば、

「最速で、実践での成長実感を得る」……早い段階で「英語ができる！」と実感できる経験をし、楽しく英語と付き合っていく

　などのコンセプトにしてもよいでしょう。

　このようにコンセプトを定めておくと、それをもとに具体的な「学習計画」が決められるという利点があります。しっくりくるものが浮かばないかもしれませんが、まずは思いつくままに書き出してみましょう。

Q. 3カ月間の基本コンセプト（学習計画のもととなるもの）は何ですか？　➡ **特典 Excel シート④**

145

5. 1カ月ごとの学習イメージを持つ

　3カ月間で確実に英語力を伸ばすため、また途中で飽きたりしないように、3カ月間の学習計画を1カ月ごとに分けてみます。まだざっくりで構いませんが、どんな勉強に取り組むかというイメージを思い描いてみましょう。

「山登り型」であれば、
「計画性をもって、真の実力をつける」
　という学習コンセプトを反映させ、例えば下の図のように1カ月ごとの学習イメージを作ってください。3カ月後に向けて勉強を積み上げていくイメージです。

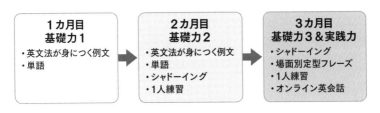

「山登り型」の3カ月の学習設計イメージ

　1カ月目・2カ月目はインプットを中心に取り組みます。3カ月目は積み上げた基礎力をオンライン英会話で応用することで、アウトプットの力につなげていきます。

一方、「波乗り型」であれば、
「最速で、実践での成長実感を得る」
というコンセプトを反映させます。

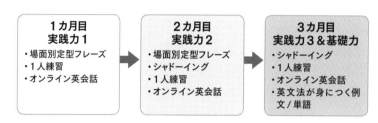

「波乗り型」の3カ月の学習設計イメージ

　例えば上の図のように1カ月ごとの学習イメージを作ってください。
まず実践力をつけるインプットとあわせて「1人練習」と「オンライン英
会話」を楽しみながら、会話力をアップしていきます。

　3カ月目には会話の場数を踏んだことで、実践力がさらに上がるで
しょう。あわせて、足りない基礎力に立ち返るため、ここで改めて自分
の英文法や単語の力を見直します。

Q. あなたの1カ月ごとの学習イメージを書き入れてみましょう。

→特典 Excel シート④

6. 勉強内容を挙げ、学習時間を確保する

ここで、具体的に取り組む勉強と時間をイメージしてみましょう。

例えば、1日の学習時間約「90分」を目安として、1カ月目に取り組む候補を挙げてみます。

「山登り型」であれば、

1カ月目：英文法が身につく例文：60分（30分を2回）/day

　　　　　単語学習：30分/day

　　　　　1日90分の学習、1週間で10時間30分（90分×7日
　　　　　＝630分）

「波乗り型」であれば、

1カ月目：場面別定型フレーズ：60分（30分を2回）/day

　　　　　1人練習：15分×5回/week（オンライン英会話の前
　　　　　に行う）

　　　　　オンライン英会話：25分×5回/week

　　　　　1日60〜100分の学習、1週間で10時間20分（場面
　　　　　別フレーズと1人練習とオンライン英会話［計100分］
　　　　　は5日やり、残り2日は場面別フレーズのみをやるとい
　　　　　う想定。すると、60分×2日＋100分×5日＝620分と
　　　　　なる）

としてみます。

次に、英語学習を自分の生活に取り入れるために、日々の行動パターンを思い出しながら、学習に当てられそうな時間をイメージしま

す。

　学習時間の確保をイメージする段階では、2タイプの時間をうまく合わせてスケジューリングしましょう。2タイプの時間とは、**「作る時間」**と**「ながら時間」**です。

●作る時間

　何か別のことを捨てて、英語学習用にする時間。理想的なのは、自由に声が出せる時間。

●ながら時間

　移動時間、ジョギングや家事など、すでに何か行っているが、脳に空きがあり英語学習に活用できる時間。

　この2つの時間を活用すると、忙しくなったときに絶大な効果を発揮します。急な仕事が入ったりして学習時間が取れなくなると、大抵「作る時間」がその影響を受けやすいもの。ただし、「ながら時間」があることで、最低限の学習が担保されやすいのです。

　つまり、学習時間が取れなくなって、「作る時間」を削らざるを得なくなっても、移動時間や何か別のことをやっている時間（＝「ながら時間」）に、英語学習をしようということです。

Q. あなたの「作る時間」と「ながら時間」を書き出してみましょう。また、どんな英語学習に活用できそうでしょうか。 **→特典 Excel シート④**

作る時間	学習内容	ながら時間	学習内容
(例) 寝る前30分	オンライン英会話	通勤タイム	フレーズ音源を聞く

書き込めたら次に進みましょう。

7. 学習スケジュールを作る

ここまでで、1週間のどの時間を使って何に取り組むのかが決まりました。

最後に、2つのシートを活用しながら学習計画を書き込んでみましょう。2つのシートとは「学習計画カレンダー」と「学習進捗管理シート」です。

▨ 1日・1週間のタイムスケジュールを確認できる
「学習計画カレンダー」 **→特典 Excel シート⑤**

「学習計画カレンダー」（p. 152〜）を活用すると、**1日あるいは1週間単位でのタイムスケジュール（行動予定）を一目で確認することができ**、実際に行動している自分をイメージできます。また、有効活用できていなかった時間などに気づきやすいというメリットもあります。

学習イメージをより具体的に持っていただけるように、「山登り型」「波乗り型」それぞれの1カ月目の学習スケジュールを記載したカレンダーをp. 152〜155に掲載します。これらを参考にしながら、「特典 Excel シート」の「学習計画カレンダー」に自分の学習計画を書き込ん

でみましょう。

（注）テレワークを実施中で、通勤時間がない人もいるかもしれません。その場合も、勤務時間の区切りのタイミングで、学習計画を組んでみてください。

複数の勉強を並行して進めるのに役立つ「学習進捗管理シート」　➡特典Excelシート⑨

　次に、「学習進捗管理シート」（p. 156）に予定の勉強時間を書き入れます。そうすると、いくつかの勉強を並行して進めるときに、それぞれの**学習予定範囲や学習時間を一目で管理できます**。また、「予定」の右に「実績」を書き込んでいくことで、PDCAのサイクル（p. 140）を回すための記録としても役立てることができます。

　左の「学習項目」には「英文法が身につく例文」「場面別定型フレーズ」「英単語」など、取り組みたい内容を書き入れましょう。p. 156の見本では「暗記」「復習」など細かく分けて書いてありますが、ここまで細かくするかはお好み次第で大丈夫です。

タイプ別・学習計画へのアドバイス

「山登り型」

　学習計画を立てるのには慣れていたり、好きで得意な作業のはずです。ただし、理想を追い求めて「計画倒れ」にならないように、実際に勉強を始めた後に微調整できる余裕を持っておくとよいでしょう。意気込んで、学習内容をあれもこれもと増やしすぎた結果、消化不良にならないように注意しましょう。（p. 158へ続く）

学習計画カレンダー 🏔 【山登り型】(1カ月目) 記入例

	月	火	水
5：00			
6：00			
7：00			
8：00	通勤時に、「英文法が身につく例文」のリスニング		
9：00	始業前のカフェで、「英文法が身につく例文」の復習・暗記		
10：00			
11：00			
12：00	ランチ後に単語の復習・暗記		
13：00			
14：00			
15：00			
16：00			
17：00			
18：00			
19：00			
20：00	帰宅時に、「英文法が身につく例文」の復習		
21：00			
22：00			
23：00	お風呂でアプリを使った単語の復習		

ランチタイムで余裕のある時間の他、ついダラダラするときなど、もともと無駄にしていた時間に勉強しましょう。意外に時間は作れるもの。

湯船に漬かる習慣のある方はお風呂時間が勉強時間になります。5分だけでも気軽に復習に取り組みたいです。

※2カ月目、3カ月目の記入例（サンプル）は ➡特典 Excel シートにあります。

木	金	土	日

「ながら時間」で勉強することで、英語学習のスイッチを ON にし、そのまま「作る時間」に突入するとうまくいきやすいです。

1週間の復習

土曜日にがんばったら、日曜はサラッと復習して、あとはリフレッシュ！

飲み会前に、「英文法が身につく例文」の復習

夜の予定があるときには、その前に 10 分でもいいので学習するのがお勧め。そうすれば、その後は気兼ねなく楽しめます。

※表が見やすいように、30分の時間で枠を作っていますが、実際は15分などからでよいので、計画を立ててみてください。

学習計画カレンダー 🌊【波乗り型】（1カ月目）記入例

	月	火	水
5：00			
6：00			
7：00			
8：00	通勤時に、「場面別定型フレーズ」のリスニング		
9：00	始業前のカフェで、「場面別定型フレーズ」の復習・暗記		
10：00			
11：00			
12：00			
13：00			
14：00			
15：00			
16：00			
17：00			
18：00			
19：00			
20：00	帰宅時、1人練習、または「場面別定型フレーズ」の復習		
21：00			
22：00	オンライン英会話	オンライン英会話	オンライン英会話
23：00			

通勤などの時間を活用し、スマホでレッスン教材を見ながらしゃべる内容を考えると、1人練習に気軽に取り組めます。周りに迷惑がかからない状況なら、ブツブツ声に出してみましょう。徒歩での移動時間があれば、ぜひ声出しに活用したいです。

※2カ月目、3カ月目の記入例（サンプル）は→特典Excelシートにあります。

木	金	土	日
		1週間の復習	1週間の復習
		1人練習	
		オンライン英会話	
オンライン英会話			

朝にカフェで学習している人は結構多いです。周りの様子にいい刺激を受けるでしょう。「夜にはフレーズを活用できるオンライン英会話が待っている！」と思って取り組みましょう。

土曜日にがんばったら、日曜はサラッと復習して、あとはリフレッシュ！

夜は疲れているのであれば、早朝の時間もお勧め。英語学習を朝に集中させると、日中は仕事に没頭できるという良さもあります。

※表が見やすいように、30分の時間で枠を作っていますが、実際は15分などからでよいので、計画を立ててみてください。

学習進捗管理シート

学習項目		月	火	水	木
「英文法が身につく例文」暗記	時(分)	30	30	30	30
	範囲	レッスン 1-3	レッスン 4-5	レッスン 6-7	レッスン 8-9
「英文法が身につく例文」復習	時(分)	15	15	15	15
	範囲		同上 ←		
「英文法が身につく例文」復習（リスニング）	時(分)	15	15	15	15
	範囲		今週の範囲全部を聞く ←		
単語暗記	時(分)	30	30	30	30
	範囲	レッスン 1-3	レッスン 4-6	レッスン 7-9	レッスン 10-12
単語復習	時(分)	10	10	10	10
	範囲		10分間で見られるだけ目を通す ←		

学習項目について、例えば「英文法が身につく例文」の中で、さらに細かく分けています。ここまで分けなくても大丈夫です。

各曜日の左側に「予定」を、右側に「実績」を書き込めるようになっています。

	金	土	日	合計
	30			150
	レッスン10			
	15	60	30	165
	→			
	15			75
	→			
	30			150
	レッスン13-15			
	10	60	30	140
	→			
			Total（分）	680

※記入例は➡特典 Excel シートにあります。

■「波乗り型」

「学習計画カレンダー」に記入するときなどに、「学習時間をうまく決められない」という場合は「とりあえず」で構いません。進めているうちに、だんだんと「この時間や場所（通勤途中や自宅など）なら続くかも」と絞り込まれてきます。実際にやってみて、自分に合うなと思える時間や場所を探しましょう。

同じく学習範囲の予定を立てるのも、まずは「ざっくりと」決めてやってみましょう。その後しっくりくる学習スピードが見つかりやすいです。

複数の学習を並行させるメリットと注意点

複数の学習を並行して行うと、英会話力が断然伸びやすくなります。例えば、「単語を覚えたことで、初めて見る英文の意味がわかり、英文が覚えやすかった」などのようにインプットした内容が新たなインプットに好影響する場合もあります。また、「覚えた表現を、英会話レッスンで活用できた」などインプットした内容がアウトプットに良い影響を与える場合もあります。

学習した内容が相互に気づきや伸びを促進し合うからです。

一方で、複数の学習を並行させる際には次の3点に注意が必要です。

● 新しい学習をいくつも同時進行させて、管理をパンクさせないこと
● 新しい学習に目移りしすぎて、反復練習をやめたりしないこと
● インプットとアウトプットのどちらかだけにならないこと
　（短期間なら、どちらかだけになってもOK）

　実際に、私がコーチングしている人の中に、8種類の学習を並行して実践している人がいますが、新規の学習は英文の暗記とシャドーイングの2つのみです。あとの6つは、週末のオンライン英会話や日々の英語ニュースの視聴、これまでの教材の反復練習……のように、毎日の習慣にしっかり学習を取り入れており、それが学習の土台になっています。

　では計画を立てられたら、早速、学習をスタートさせましょう。

PDCA②　学習する（Do）

　第5章で紹介した学習方法の中から学習のプランを立て、いよいよ「あとは勉強するだけ」の状態になったとします。そうなったら、PDCAサイクルのDO（実行）に進む段階です。

　ただし、学習はあなたの多忙な生活の中で行わなければなりません。ただ「こなす」だけでなく、より良い状態で行ってこそ、学習効果も上がります。ここでは、最大の効果を上げるためのポイントを見ていきましょう。

　紹介するのは、以下の3点です。

1. どう計画を実行するか？
2. どう集中力を高めるか？
3. どう楽しむか？

1. どう計画を実行するか？

　せっかく作った計画も、その通りに進めなければ、意図した学習効果が出にくくなる恐れがあります。基本的には計画通りに実行するよう心がけましょう。とはいえ、学習をスタートしたばかりの週はイメージしていた時間に収まらなかったりするでしょう。実行してみて初めて修正すべき点に気づくものです。

　大事なのは、**活動内容を形に残すこと**です。すると、計画（Plan）通りに進められているかどうかが見えますし、後でPDCAのC（Check/効果測定）がしやすくなります。PDCAの結果が確認しやすい形で記録しておきましょう。

　ここで、p. 156で紹介した「学習進捗管理シート」を活用します。「特典Excelシート」の「学習進捗管理シート」に日々の活動内容を記録しておけば、1週間たったときに自ずと状況が把握できます。あるいは、週の半ばで「もうちょっと挽回しよう」などと学習の進み具合を調整することもできます。順調に進んでいる様子が一目でわかれば「もっとがんばるぞ！」と思えるし、やる気にもつながります。

2. どう集中力を高めるか？

　集中力を高めるには、2つのポイントがあります。

　1つは、1回の練習では目的を「1つだけ」意識すること。もう1つは、時間を区切ること。

　それぞれを見ていきましょう。

■ 学習の目的を「1つだけ」意識する

第4章では、「英語の固まりへの意識」や「イメージを意識する」を取り上げました（p. 84）。このように「何を意識するか」は学習の効果を大きく左右します。さらに、1回の練習では、何か「1つだけ」のポイントに意識を向けることが重要です。

意識を1つに絞ると、集中する方向が定まり、学習効果が高まります。その結果、達成感を覚えやすくなります。

一方、複数のことを一度に意識するのは、実際のところほぼ不可能です。

例えば、英会話のレッスンを受けながら、脳内では急ぎの仕事のことが気になっているときを想像してみてください。レッスンの内容と仕事のことそれぞれに100％集中して考えるのはかなり難しいですよね。おそらく急ぎの仕事の方に気持ちが行ってしまうのではないでしょうか。

私たちの脳は、歩きながら英語を聞くなど同時に2つのことはできても、同時に2つのことに「意識を向ける」のはとても苦手なのです。

まず、大事なことを、「1つだけ」意識するようにしましょう。

■ 時間を区切って学習する

時間を区切ると、時間が限られますから集中力が高まります。さらに、短い時間を設定すると、疲労感を軽減することにもなります。

では、短い時間とは何分ぐらいがよいのでしょうか。東京大学薬学部の池谷裕二教授と株式会社ベネッセコーポレーションによる実験では、中学生の学習では、60分間続けて学習するよりも、15分を3セット（計45分）で学習した方がテストの点数が高いという結果になったそ

うです。その3セットの15分の合間にはリフレッシュする時間を挟んだ方がいいのだとか。

学習内容によっては、「30分勉強したら、ようやくコツがつかめた」という場合もあるでしょう。どれぐらい時間がかかる内容なのかも考えて決めるのがよいと思います。基本的に、「ダラダラしているのであれば、短く時間を区切って、区切った時間の合間にリフレッシュした方がよい」とする方針を持っておくとよいでしょう。

● 実践者の紹介 「短い時間で集中して学習」に成功している3人

外資企業に勤めるYさんは、「ながら時間」（p. 149）として朝の45分間の学習環境を確保するため、ラッシュアワーを避けて、早朝にグリーン車で通勤しています。Yさんが工夫しているのは、その45分間をさらに2つの時間に分けること。

最初は、藤沢駅―川崎駅の約30分間。朝イチで脳もフレッシュなこの時間を使って、Yさんはすでに覚えた400個の「英文法が身につく例文」を復習するそうです。その際は「時間内にできるだけ多くの例文を復習する」ことを自分に課しています。

調子が良いときには400の英文を一心不乱に復習できる一方、集中力が落ちたときは数が減ります。日々取り組む時間が決まっていることから、自分の学習コンディションが手に取るようにわかるそうです。

残りの通勤タイムである川崎駅―新橋駅は、やや仕事モードの英語に切り替える約15分間。英文メールの定型表現を見直したり、その日に使いそうな表現に目を通したりして通勤時間を締めくくっています。

Yさんのケースは、「ながら時間」の質を高める環境（グリーン車）を確保した上で、さらに時間を区切る工夫をしている点が特徴です。

そうすることにより、ゲームに没頭するように集中力を高めることに成功しています。

　次は「オンライン自習室」というものを作って学習しているKさんの例です。

　Kさんには、「1人で英語を学習しようとしても、すぐに仕事のことばかり考えてしまう」のが悩みでした。そこで、私がKさんと考えたのが「オンライン自習室」です。ZOOMというオンライン会議アプリを使い、他の学習者にもオンライン会議上に集まってもらいます。

　自習タイムは30分間。最初にオンライン上であいさつをしたら、あとはそれぞれが好きな学習に取り組みます。開始して20分が過ぎると「セルフテスト」の時間。それぞれが取り組んだ範囲を自分でテストしたら、オンライン上であいさつをして自習は終了です。

　「限られた時間内」でのオンライン自習室だからこそ、学習効果がグッと高まります。さらに、オンライン上ではありますが、「誰かとつながっている」「一緒に勉強する」ことで励みになる効果もあって、「がんばろう！」と思える機会となっています（p. 68で紹介したように、「誰かと一緒に勉強する」のに適する「波乗り型」にはお勧めです）。

　3人目は隙間時間の学習効率を高めるためにタイマーをセットしているMさんの例です。

　金融機関に勤めるMさんは、タイマー活用のプロのような方。例えば会議と会議の間の5分、ランチタイムから仕事に戻るまでの7分などで、サッとタイマーを設定して英語を学習します。隙間時間に取り組むのは、主に単語の復習や、すっかり覚えた英文フレーズの反復など。タイマーが鳴ると学習を終了してサッと仕事に戻ります。

　Mさんのこのタイマー活用法のすごさは、たった5分でも学習環境を素早く作ってしまうこと。さらに、高い集中力を持っていることで

す。設定した時間内に時計をチラチラ見ることもせず、タイマーが鳴るまで勉強に没頭しています。Mさんのように、タイマーを勉強の「お供」にするのもとてもお勧めです。

　以上、隙間時間を活用している人や集中力アップを上手に行っている人の例を紹介しました。「時間を短く区切って」「その時間は没頭する」という方法は参考にしたいところです。

3. どう楽しむか？

　学習自体を楽しいと思えるようになり、「ついやってしまう」という状況を作れたら最高です。ここでは、学習自体を楽しめるようになるための工夫を考えましょう。

人間関係を活用して楽しむ
　後ほど「自分の応援団を作る」(p. 194)でも触れますが、誰かとの関係性が学習を後押ししてくれる場合があります。ここで紹介したいのは、「誰かと一緒に勉強する」ことの楽しさです。
　誰かと一緒に勉強すると、取り組んでいる内容は同じでも、勉強はその誰かとの「ゲーム」になり「競争」になります。そうやって勉強の意味付けが変わります。

誰かと一緒に勉強することで成果を上げている2人

　子供と部下を巻き込んで、一大英語ゲーム環境を作ってしまったKさんのケースを紹介しましょう。

　企業の役員を務めるKさんは、40歳を過ぎてやり直し英語の学習を開始。中学英語からのスタートですが、「あれ？　学び直してみると、学生時代よりもわかる！　面白い」とスイッチが入りました。

　「このままどんどんレベルアップしたい」という思いから、同じテキストを4冊購入。3冊を3カ所に置き、3カ所のどこにいてもパッと本を開ける環境を作りました。残り1冊は自分の息子用にしました。

　その上で、仕事先では、ランチタイムや休憩時など、隙間時間があったら「部下にテストを出題してもらう」ための環境を整備しました。部下は「目上の上司に、テストを出題できる」という立場を楽しんで、快く協力してくれているそうです。「部下に恥ずかしいところを見せないぞ」という気持ちが、学習に火をつけるのだそうです。

　さらにKさんは、英語が苦手で定期テストでは赤点ばかりを取っていた中学1年の息子さんも巻き込みました。同じテキストを息子にも渡し「同じ範囲を一緒に覚える」という勉強を開始。親子で、交代で日本語を言い、言われた方は英文に直すというテストをやっています。

　「息子に負けられない」とKさんは思っていましたが、息子さんはKさん以上にスムーズに英語の自己紹介をマスターしてしまったそうです。

　このように、Kさんにとっては競争し合うことが刺激ややる気につながっています。

　次は、誰かと競うゲームや競争ではありません。オンライン英会話の先生との人間関係を活用して、自分のやる気を高めたケースを紹

介しましょう。

　Hさんは何人かお気に入りの先生を見つけて、オンライン英会話を続けていました。ある日、オンライン英会話でのトーク力を上げるために、目標を設定します。それは、「自分がオンラインの先生の相談に乗れるようになろう!」というものでした。

　目標を設定したのをきっかけとして、レッスン開始時のトークも自分のことを話すだけではなくなったそうです。You look good!(元気そうですね)、How have you been doing recently?(最近どうしてますか?)など相手を気遣うフレーズを活用したりして、人間関係を築く練習をしました。するとある日、ある先生がいつもよりも元気がないのに気がつきました。そこから、Hさんの「先生の相談に乗る」という時間がスタート。どうやら失恋したばかりだった先生に、Hさんは励ましの言葉をかけ続けたそうです。

　泣いている先生を励ましながら、心の中では「自分も英語で誰かの相談に乗れるようになった!」と、充実した気分だったそうです。

　Hさんも、誰かとの関係性を上手に活かして、楽しみながら学習している1人です。

第 **7** 章

セルフコーチングⅣ
効果測定し、改善する

前章に続き、「PDCA」サイクルの後半、学習成果をチェックする「効果測定（Check）」と、うまくいかなかった場合、よりよい成果を出したい場合のための「改善（Action）」の仕方を伝授します。

この章では、「PDCA」サイクルの「C」と「A」、すなわち「効果測定（Check）」と「改善（Action）」のプロセスを取り入れて学習を進めましょう。

　英語学習書は「学習方法の紹介」がメインのものが多いのですが、本書ではそれだけではなく、この「効果測定（Check）」と「改善（Action）」にも力を入れています。

　なぜなら、本書の最大の目的が英会話の学習が「続けられる」ようにサポートすることだからです。**適切な「効果測定」と「改善」をすることで、多くの人が抱える「結局は続かない」という悩みを解消できます。**繰り返しになりますが、学習が続けられてこそ英会話力を「伸ばす」ことができるのです。

　本書で紹介する「効果測定」と「改善」では、さまざまな観点から振り返ることで気づきを増やします。本音やタイプを踏まえて振り返り、改善をすることで、英語学習をサステイナブルなものにすることを目指しています。

　では、早速進めていきましょう。

PDCA③　効果測定（Check）はなぜ必要か？

　では、学習の効果測定（Check）は、なぜ必要なのでしょうか？
　それは、
1.「やる気」と「ノウハウ」が手に入る
2.「気づき」が生まれ、「改善点」と「盲点」が明らかになる
　この2点によって、英会話力を伸ばすためのたくさんのヒントを手にできるからです。

1.「やる気」と「ノウハウ」が手に入る

　p. 119で「1分程度の教材を1日30回（30分）シャドーイング」すると、1週間（7日）後に「200回を超えた」と達成感を得られるという話をしました。こうして1週間をかけて行ったシャドーイングが、例えば自分のシャドーイングを録音することによる効果測定を通じて、「うまくできた」とわかったとしましょう。

　こうした成功体験をすると、単に達成感・満足感を得られただけでなく、そこに至ったプロセス（練習回数や時間の使い方など）にも自信を持つことができるはずです。成功体験はあなたにとって、次に活かすための「ノウハウ」にもなります。そして、次もできるという「やる気」につながります。

2.「気づき」が生まれ、「改善点」と「盲点」が明らかになる

　一方、上で触れた「1分程度の教材を1日30回（30分）シャドーイング」が1週間続かなかった（あるいは1週間やっても、うまくシャドーイングできなかった）としましょう。この場合はごまかしながら続けるより、いったん立ち止まり、「1週間続かなかった（1週間やってもできなかった）」とはっきり自覚すべきです。そうすることで、**次のステップとして、「改善点」と向き合う**ことができます。

　時には「うまくいっていると思ったのに、実はそうではなかった」ことが発見できることもあります。うっかり問題を見落としたまま進めてしまったりした場合、私はそれを「盲点」と捉えています。「盲点」を発見した上で、問題を解決しましょう。

　例えば、自分ではうまくシャドーイングできていたつもりが、録音し

て聞いてみると不明瞭な発音のままごまかしていたことに気づく場合があります。こういった「できていたつもり」というのは、意外と誰でも陥りがちな「盲点」です。

　あるいは、自分では「毎日オンライン英会話を続けることができた」と達成度が高いように感じていても、その中身を振り返ってみると「実際にしゃべっているのは先生の方ばかりだった」ということがあるかもしれません。あるいは、目で見て「英単語をしっかり覚えた」と思っていたが、「実は発音があやふやで読み方がわからなかった」ということも起こり得ます。効果測定することで、このような「盲点」にも、しっかり気づけるようにしましょう。

　なお、1週間を1区切りとして生活のパターンを作っている場合がほとんどでしょうから、頻度としては週に1回程度振り返るのが良いと言えます。

　では、コーチングで使われる観点を盛り込んだ、英語学習の振り返り方を紹介します。

効果測定（C）
定量的・定性的・体験的に振り返る

　伸びている点や改善している点を積極的に見つけるのに、以下の3つのプロセスがあると効果測定（Check）の精度が上がります。

1. 定量的な振り返り……学習時間や学習量
2. 定性的な振り返り……経験したこと、感じたこと

3. 体験的な振り返り……学習範囲をセルフテスト

　それぞれを見ていきましょう。

1. 定量的な振り返り……学習時間や学習量

　これは、数値で振り返ることです。

（例）学習時間目標10時間→（実際には）8.5時間だった
　　　学習範囲センテンス50個暗記→50個まで進んだ！
　　　オンライン英会話→3回利用した

　この方法だと、成果や不足がわかりやすく、具体的に振り返ることができるのがメリットです。前後の週との比較もしやすいです。週を追うごとにトータルの数字が積み上がっていくことで達成感も得られます。

2. 定性的な振り返り……経験したこと、感じたこと

　これは、出来事や手応えを思い出してみることです。

（例）出来事や手応え
　　　　　　　→（うまくいった要因/うまくいかなかった要因）
　　　「なぜか、口が動くようになってきた」
　　　　　　　→今週は週末の声出しが多めだったからだ。

「映画で、ワンフレーズが聞き取れた」

　　　→覚えた単語が偶然映画に出てきたからだ。

「英会話の先生と話すときに緊張した」

　　　→レッスンを慌てて始めた。準備ゼロだったからだ。

　このような振り返り方を「定性的な振り返り」と呼んでいます。この方法だと、自分の感覚レベルでの変化を拾い上げられるという良さがあります。出来事や手応えをさらに掘り下げてみると、矢印の後のように「うまくいった要因」「うまくいかなかった要因」までもが見えてきます。すると、改善策を打つことができます。

3. 体験的な振り返り……学習範囲をセルフテスト

　定量的・定性的に振り返るだけでも、学習の成果や改善点に気がつくことができます。しかしそれだけではなく、「セルフテスト(学習した範囲をテストのように確認)」する時間を設けてみましょう。勉強の成果や改善点を、より実感することができます。

　「セルフテスト」には、以下のような方法があります。

(例) 英文・フレーズや単語のセルフテスト

　　　→覚えた英文や単語をすべて言えるか、確認してみる

　　　　(暗記できているかの確認)

　　　→何分ですべて言えるか、時間を計ってみる

　　　　(暗記できているかと、スピードの確認)

　　　→3分でいくつ言えるか確認してみる

　　　　(暗記できているかと、スピードの確認)

（例）シャドーイングのセルフテスト

　　　→自身のシャドーイングを録音して、聞いてみる

　　　（本当に言えているかの確認）

　　　→1文ずつ、音源を聞いては止め、書き取ってみる*

　　　（本当に聞き取れているかの確認）

　　　*聞き取った英語を書き取るトレーニングを「ディクテーション」といいます。

（例）1人練習やオンライン英会話のセルフテスト

　　　→1人練習やオンライン英会話を録音して、聞いてみる

　　　（定期的に自分の英語を聞き比べる）

　それぞれの「セルフテスト」の結果に対して、手応えや感想をセットで振り返っておくと、改善策につながります。

　では1週間ごとに、次の問いに沿って振り返ってみましょう。

定量的な振り返り：「学習進捗管理シート」でCheck

Q. 予定に対して、実際の勉強時間は何時間でしたか？　勉強の記録を残した「学習進捗管理シート」（特典Excelシート⑨）を見返してみましょう。

定性的な振り返り：出来事や手応えをCheck

Q. 1週間で経験したことや、感じた手応えを書き出してみましょう。

➡ **特典 Excel シート⑬**

出来事・手応え	うまくいった要因/いかなかった要因
（例）外国人の上司とスムーズにしゃべれた！	朝、シミュレーションしてから出社したのがよかった

体験的な振り返り：セルフテストでCheck

Q. セルフテストをした結果と、どんな手応えだったか、どんな感想を持ったかを書き出しておきましょう。 ➡ **特典 Excel シート⑬**

セルフテストの結果	手応え・感想
（例）3分で例文を30センテンス言えた（1センテンス6秒ペース）	テンポが良かったという感覚があった。このまま続けてよさそう

Q. この1週間に点数をつけると何点ですか？（10点満点中）

➡ **特典 Excel シート⑬**

_____ 点

Q. 上記の点を1点上げるために、改善のキーになることは何でしょうか？　➡ **特典 Excel シート⑬**

タイプ別・効果測定（C）のための アドバイス

「山登り型」は定量的な気づき優先で

「山登り型」の人は定量的な視点で成長が実感できるようにし、それを励みにしていきましょう。勉強時間や学習範囲に加え、「セルフテスト」に関しても「学習範囲の95％は暗記できていた」などと数値をメモしておくと、やる気がアップします。

　一方、「山登り型」の人は定性的にはネガティブな出来事ばかりが気になってしまう人もいるかもしれません。小さなことでも「できた！」という気づきのアンテナを伸ばす意識を持ってみましょう。

🌊 「波乗り型」はポジティブな出来事の振り返りを軸にして

「波乗り型」の人は定性的な視点では、自分にとってのポジティブな出来事の振り返りを軸にしてみましょう。楽しんで続けられていることに対して OK を出しながら進めましょう。

学習時間の計測などは面倒であればザックリでも構いません。例えば、継続の様子が「学習計画カレンダー」（p. 152）に「○」印をつけることなどで記録に残せると、簡単で、やる気にもつながります。「セルフテスト」（p. 172）は時間を区切って行うなど、ゲームのように楽しむといいでしょう。

以下に説明する「スケーリング（点数化）」を利用するのも手軽で効果的です。

スケーリングを活用する

上記の振り返りの中に、

Q. この1週間に点数をつけると何点ですか？（10点満点中）

——————— 点

という項目を設けておきました。これが「スケーリング」です。10点を満点として、その時々の達成度や満足度を数値にするものです。「点数をつける」というたったそれだけのことで、自ずと PDCA の「Check」の機能を果たしてくれる、手軽で便利な方法であり、だからこそ続けやすく効果的な評価方法です。

例えば、1週間を振り返り、こんな問いを立ててみます。

Q1. 今週の学習の出来は何点だっただろう?
Q2. では、翌週に向けて現状の点数から1点上げるためには、何ができるだろう?

　このような感じです。「現状の点数は?」と考えることと「プラス1点上げるには?」と考えること、この2つをセットにして自分に問いかけます。特に「プラス1点」と問うことで、現実的な改善策を探しやすくなります。なお、

Q. 今日の英語会議でのパフォーマンスは何点だっただろう?
Q. 今日のオンラインレッスンの満足度は何点かな?
Q. 自分の立てた計画への納得度合いは何点かな?

　のように、より具体的な問いを立てることもできます。
　スケーリングを活用することのメリットとしては、以下の3つが挙げられます。

(1) 変化を見える化できる
(2) 現状を評価しやすくなる
(3) 自分の基準を大事にできる

　それぞれを見ていきましょう。

(1) 変化を見える化できる
　例えば、毎週の学習状況に点数をつけることで、目に見えにくい変化や成長に対する気づきが促進されます。問題集を解くことで点数が

はっきりするTOEICなどと違って、成果が見えにくい英会話の学習には特にスケーリングを活用するメリットがあります。

(2) 現状を評価しやすくなる

スケーリングを継続し、点数が上がると、「できた」という成功体験を得られますし、「もっとできそうだ」という自信を生み出してくれます。点数が下がったときにも、「何があったから、点数が下がったのか?」と、点数が下がった原因を考えやすくなります。点数が上がっても下がっても、スケーリングしているからこそ変化を見て取れるようになります。

(3) 自分の基準を大事にできる

スケーリングでは、あなたの中の「10点満点」を基準にして自分で点数をつけます。10点満点のイメージを決めるのも点数を決めるのも、すべて自分です。そうすることで、誰かからの評価ではなく自分の基準を大事にして振り返ることができます。

「自分で基準を設けて、点数をつけるなんて難しい」と思われる方もいるかもしれません。ですが、あなたなりのスケーリングの基準がいくつもできているはずです。

例えば、「先週と比べて、今週の自分はどう変化したかな?」と考えてみると、先週が比較対象となり点数がつけやすくなります。あるいは、自分が作った学習計画をはじめ、p. 41で考えた「身近な人(日本人、あるいは非ネイティブ)の目標」なども指標になるはずです。それらを、自分なりの基準を考えるときに役立てていきましょう。

次は振り返りの中で行った、問いへの答えの例と、そこから発展させ

た問いのサンプルです。このように自問自答しながらスケーリングを活用しましょう。

Q. この1週間に点数をつけると何点ですか？（10点満点中）　　6点

Q. 上記の点を1点上げるために、改善のキーになることは何でしょうか？

　　→取り組みはできているが、どうも効率が上がりきらない。改善するために、短めに時間を区切って集中する

タイプ別・スケーリングのあるある失敗例

　ここでは、「山登り」「波乗り」それぞれの人がやってしまいがちな、スケーリングの失敗パターンを紹介しましょう。

「山登り型」……低めの点数を自分につけてしまう

　例えば、いまの学習の満足度が高くても、その先にある山の頂上に焦点を合わせてしまうと点数がどんどん低くなる場合があります。

　こんなときは、意識的に目の前の学習に対する「できた！」という部分を探してみましょう。「あれ、実はできていたかも！」と思えることが発見できるはずです。

「波乗り型」……高めの点数をウロウロする

　勉強に楽しく取り組んでいると点数が高めになります。ただし「楽しい」という感覚が点数になっていて、中身が伴っていない可能性もあります。取り組んだ範囲を「セルフテスト」して、課題となる部分を発見

するようにしましょう。あるいは、詳しくはp. 194の「自分の応援団を作る」で取り上げますが、誰か応援してくれる人の力を借りて自分では気がつけない部分を発見してもよいでしょう。

　自分につける点数を無理して下げる必要はありません。それよりも「10点が満点として、では20点ってどのような状態だろう？」と想像してみると、10点は通過点になり、10点にとらわれなくなります。そうすると「やりたいこと」や「やれること」を思いついたり、もっとスケールの大きなことができたりするでしょう。「波乗り型」には枠にはまらない学習の楽しみ方や進め方を発見してほしいです。

PDCA④　改善（Action）の進め方

　ここからは、PDCAサイクルの最後のステップであり、次のPDCAをより良いサイクルにするための鍵となる改善（Action）の進め方を見ていきましょう。まず、

1. 学習の量を見直す
2. 学習の質を見直す

の2つの観点から、勉強を改善していきます。

1. 学習の量を見直す

　p. 156で使用した「学習進捗管理シート」（特典Excelシート⑨）を改めて見てみましょう。右側の「実績」を見ると「予定通り勉強できた」

（学習量を確保できた）ものとできなかったものとがあるはずです。どちらも振り返る際の材料になります。以下のような手順で進めてみましょう。

(1)「予定」の通りにできたことを確認する

まず、「予定」通り勉強できたことに対しては、**「何があったからうまくいったのか」**という観点で振り返りましょう。すでにお伝えしたように、成功体験はあなたのノウハウになると同時に、自信とやる気につながります。

Q.「予定通り勉強できた」（学習量を確保できた）のはどうしてですか？　理由を書き出して翌週に活かしましょう。

　　　　　　　　　　　　　　　　　　　　　　→特典 Excel シート⑭

（書き込み例）

設定時間がよかった！　朝の時間は邪魔が入らないので学習がはかどる。朝イチの音読はすがすがしい気分になれる。

(2)「予定」の通りにできなかった要因を洗い出す

次に、「予定通り勉強できなかった」（学習量を確保できなかった）とした内容に関して、**「何が起きていたのか」**を振り返ります。実際によくある要因は以下の2つです。

1つは、「予定した時間が確保しにくかった」というもの。急な飲み会・寝坊・仕事など別のことが優先され、予定した時間が作れなかったケースです。

もう1つは、「学習自体がしづらかった」というもの。面倒だったり、難易度が高かったりして、楽しくなさそうと思い、学習を避けてしまうケースです。

▇ (3) 改善（Action）するために、何かを変えてみる

できなかった要因がわかったら、何か変更するアイデアを出してみます。予定したけれどうまく使えなかった学習時間に関しては、実行できそうな時間帯を再度探ってみることから始めましょう。

学習自体がしづらい場合、基本的な考え方として、「ハードルを下げる」ことが大切です。

例えば「手順が面倒」と感じるなら、できるだけ手順を分解して、1つずつ取り組む。
（例：シャドーイングであれば、まずはリスニングだけを継続して、音源に慣れてから再挑戦するなど）
「難易度が高い」と感じるなら、学習内容を選び直したり、範囲を見直したりする。
（例：オンライン英会話であれば、アドリブが多そうなものを選ばず、初心者向けのものから始めるなど）
「内容が楽しくなさそう」と感じるなら、苦痛となる部分を回避して気軽に取り組む。
（例：単語暗記に苦手感があるなら、まずは本をパラパラ眺めるところから始めるなど）

　このような工夫をし、学習への抵抗感を減らすようにするとよいでしょう。うまくいかなかった要因と、改善・変更することをボックスに書き出してみてください。

Q.「予定通り勉強できなかった」（学習量を確保できなかった）のはどうしてですか？　何をどう変更しますか？　➡**特典 Excel シート⑭**

うまくいかなかった要因	改善・変更すること
（例）本が重くてつい自宅に置いたままに…。その結果取り組めなかった。	（例）本を断裁して、小分けにする。そうすれば、薄くてやる気になれそう。

2. 学習の質を見直す

　次に、学習の質（中身）を見直していきましょう。p. 174の「定性的な振り返り」と「体験的な振り返り」でそれぞれ書き出したことを見直しましょう。
　その際は、学習の「**行動**」と「**心がけ**」を**セットで見直す**のが効果的です。

（例）
●音声スピードが速いと感じたが、ごまかしてシャドーイングをした
　→遅い速度から始める（行動の改善）
　→英語の音の特徴をもっと意識する（心がけの改善）

● 範囲を進めることばかり気にしてしまって覚えられなかった

　→進度が遅くなってもいいから、反復を増やす（行動の改善）

　→狭い範囲をスムーズに言える方が伸びると考え直す（心がけの改善）

● オンライン英会話で発言できなかった

　→聞き取れないときに活用できるフレーズを覚える（行動の改善）

　→「オンライン英会話は間違える練習だ」と意識を変える（心がけの改善）

　ここで言う「心がけ」とは、学習することで「どんな効果があるのか」を考え直してみること。「行動」とは、それを具体的に学習に反映させる行為のことです。

　もちろん、すでにうまくいっていることでも、「行動」と「心がけ」のどちらかを改善すれば、さらに良くなる可能性があります。

Q. では、あなたの学習の質における問題点と、それを見直す改善点を「行動」と「心がけ」に分けて書き出してみましょう。

→ **特典 Excel シート⑭**

学習の質における問題点		改善点
（例）英文が覚えられない	［行動］	取り組む回数を増やす
	［心がけ］	学習量より回数が大事だ！
	［行動］	
	［心がけ］	
	［行動］	
	［心がけ］	

　ここまでで、学習の量と質の観点から、改善点を見つけ出せたでしょうか？　では、白紙の「学習進捗管理シート」（特典Excelシート⑨）に、改善点を盛り込んだ上で、次の1週間の勉強計画を書き込みましょう。

改善（A）は、本音に向き合ってから

　こうして「振り返り」「改善する」プロセスで、とても大切なことがあります。それは、**「自分の本音を大事にする」**ということです。
　例えば、振り返りにより、「単語がどうしても覚えられない」と感じたとします。その場合は「範囲を狭めてもいいから取り組む」という改善策を出したとします。ただし、心のどこかで「単語学習って、どうも好きになれないな」と思っていたら、範囲を狭めても学習は頓挫する確率が高いでしょう。あるいは、モヤモヤしながら学習を進めることになります。
　であれば、「単語がどうしても覚えられない」ではなく、もっと自分の本音を出して、思い切って「単語学習が好きになれない」と書き出してみましょう。そうした方が、自分の本当の悩みと向き合い、その上で改善策を考えられたりします。
　その結果、「学習のストッパーになっている単語学習はもうやらない！」と決めるのも一案です。そう決めてから、「でもやっぱり単語暗記は自分に必要だ」と思い直すかもしれないのです。一度自分の本音に向き合ってから、以降の学習方法を決めた方が気分よく実行できるでしょう。

前ページで「単語学習が好きになれない」という例を出したので、これの本音をもう少し掘り下げてみましょう。すると「単語暗記の必要性を感じない」「単語暗記に成功したことがなく、嫌なイメージしかない」といった心の声が出てきたとします。

「必要性を感じない」のであれば、いったん「単語は後回し」と決めてみます。その上で英語学習を続けていくと、「だんだんしゃべれるようになってきたけれど、やっぱり自分にはもっと単語力が必要なんだ」と自らハッと気づくことがあります。

　そうした気づきを経れば、自然と主体的に単語学習に取り組めるようになるのです。実際に「好きでない学習をいったん手放す」プロセスの後に、「自らやろう」と再決意した学習者を数多く見てきました。

　また、「単語暗記に成功したことがなく、嫌なイメージしかない」という心の声が強かったら、「成功できる、あるいは良いイメージを持てる単語暗記って何だろう？」と考えてみるのです。お勧めなのは、「これができたら単語暗記が成功した」と言える基準のハードルを低くすることです。しかも少しハードルを下げるだけではなく、劇的に難易度を下げてみるのです。

「アプリを使って4択クイズに答えられたら、まずはOK」「単語のテキストを開くだけでOK」「知っている範囲だけをやればOK」……このような感じです。そうやって「嫌だ」と思う要素がすべてなくなるぐらいハードルを下げてしまえば、単語暗記に伴うネガティブなイメージが払拭（ふっしょく）されていきます。

「単語暗記が好きになれない」という本音について、それに対する改善策を挙げてみました。すべては本音に向き合ったからこそ採れる改善策であり、進むことのできる学習の道筋なのです。

　こうした本音は、深く考えずに振り返っただけでは気がつけない場

合があります。改善策を考えるときに、「実行できそうにない改善策ばかりが出てくるな」とモヤモヤを感じたとき、それはあなたの本音が隠れている合図かもしれません。

　一度立ち止まり、よく考えてみて、自分の心の中にある本音を探り出してから、改善策を考えてみましょう。

中だるみを生む要因と改善策

　勉強を続けていると、なぜかペースが落ちる時期があります。こういった「中だるみ」という現象は誰しも経験したことがあるのではないでしょうか。一見、良くないことのように見えますが、**中だるみは「英語学習の中身や目標、想いを見直そう」という大事な合図**かもしれません。

　中だるみの取り扱い方を踏まえ、英語力の伸びにつながるきっかけにしていきましょう。

　私たちの脳には「クリエイティブ・アボイダンス」という性質が備わっています。英語で綴ると"Creative Avoidance（創造的な回避）"。この意味の通り、私たちは何かをしたくないときに「しない理由」を創造的に生み出し始めるのが得意です。

　英語学習に限りませんが、あなたも、思わず聞いた相手が納得してしまうような言い訳を生み出した経験があるのではないでしょうか。それはクリエイティブ・アボイダンスの仕業であり、それが中だるみの正体だったりもします。

　例えば中学時代なら、学校生活に慣れ、高校受験・卒業という緊張感が伴うイベントもまだ遠い「真ん中の学年（中学2年）」は中だるみ

が起きやすいといわれます。中間地点はたるみやすい——これは学校や勉強だけでなく、仕事などでも同じことが言えます。

　では、中だるみはなぜ起きるのでしょうか？　ここではその要因を2つ挙げ、それぞれの改善策とともに見ていきましょう。

▨ 中だるみの要因1　目標や想いを忘れてしまう

　中だるみは、学習をスタートしてからしばらく経ち、しかも目指す目標の期日まではまだ猶予があるという緊張感に欠ける時期に起こります。「何を目指して勉強しているのか？」という初心を忘れがちな時期でもあります。

　こんなときこそ、「スタート地点」「目標」、それにスタート地点での「想い」に立ち返りましょう。

「スタート地点」とは、p. 27で触れた「現状」に当たるところです。先ほど中だるみは「中間地点」と言いましたが、少なくともスタート地点から中間ぐらいまでは進んできたわけです。そのことを確認できれば、自分の変化と成長を感じることができるはずです。

　また、「結果目標」（p. 41）を具体的にありありと思い描くことには、やる気をアップさせる力があります。目標を達成したシーンをリアルに思い描くことで、「その場面に何としても到達したい」と思ったり、「やばい……このままじゃゴールを達成できない」などと焦ったりして、心が動くからです。

　一方、「行動目標」（p. 41）を見返すことで、「ここまで積み上げられてきた」という成果を確認したり、「まだ足りない」という課題に気づいたりすることもできます。すでに使い終わった「学習進捗管理シート」や学習メモなどを見返してみましょう。

さらに勉強を始めたときの「想い」を確認することで、自分の中にあるWant to（p. 43）の気持ちを改めて確認することができるでしょう。

▒ 中だるみの要因2　成長が感じられない「伸び悩み」かも

目標までの中間地点に来ていたとしても、毎日ワクワクして成長を感じていたら、中だるみなど感じません。中だるみには、学習に停滞感や伸び悩みが伴っているはずです。ですから、学習内容を見直す合図である可能性が高いです。

以下のような観点から学習を見直してみましょう。

● インプットの時間は持てているか？

学習がアウトプットばかりに偏っていると、コミュニケーション力は磨かれるでしょうが、限られたフレーズを駆使しているだけかもしれません。そこから一段レベルアップしたいときこそインプットが必要です。

● リハーサルの時間は持てているか？

「1人練習」などのリハーサルを間に入れると、インプットとアウトプットが効果的につながってきます。「1人練習」についてはp. 120を見直してください。

● 反復は十分か？

何度も反復すると、考えなくてもスラスラと言える「自動化」につながっていきます。一方、反復を怠ると、いったん覚えたことをすっかり忘れてしまうことも。反復が足りているかを確認しましょう。

● アウトプットの時間は持てているか？

実践的なアウトプット（実際に英語を使ってみること）の場を増やしてこそ、気づきを得られますし、自分が伸びていることが実感できます。実践的なアウトプットにより緊張感が得られ、停滞感を吹き飛ばし

てくれるでしょう。

● 次の課題が見えてきたのでは？

　例えば、「伸び悩み」の時期に、「定型フレーズを熱心に覚えたのに、来客へのあいさつで固まった」などの経験がある方もいるかもしれません。その場合は「あいさつフレーズを覚え、実際に使う練習を始める」といいでしょう。そうやって、「伸び悩み」の時期の体験を、それまでと違う学習に力点を置くきっかけにしてください。

　ここで、「伸び悩みとは何か」を理解する上で役立つ知識となる「学習曲線」を紹介しましょう。

　下の図の中にある曲線が学習の成果を示す「学習曲線」です。直線で示される「累積学習時間」がわかりやすく右上に伸びているのに対して、学習曲線は停滞したりグンと伸びたりしながら右上に向かっていきます。

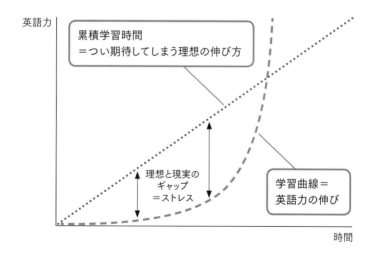

　このように、ある時期には取り組んだ学習時間に対して学習の成果（英語力の伸び）がまだ見えません。この状況に私たちはつい不安になってしまいます。

　さらに、英語力にグンと伸びが出てくる直前ぐらいが、累積学習時間と学習曲線のギャップが最も開いてしまう時期でもあります。ここが一番「勉強した割に成果が出ないな」などと感じてしまう時期になります。

　この図のようなメカニズムをあらかじめ理解しておくと、伸び悩みは「伸びる直前」だと捉えてがんばってやり過ごすことができます。その上で学習の改善を試みていきましょう。

タイプ別・中だるみ克服法

「山登り型」はこれまでの「積み上げ」を認識

「山登り型」の人は、目標を確認し、どれぐらいの勉強時間をかけてきたかなど、数値になっている成果を振り返ってみましょう。そうやって着々と積み上げている自分に気づき、それを糧にしていきましょう。

　また、下から積み上げようという意識が強すぎてインプットに偏り、いつまでも味気ない暗記作業ばかりになっているかもしれません。アウトプットの機会を作り、実践から刺激を受けることで、改めて新鮮にインプットの勉強に取り組むといいでしょう。

「波乗り型」は「想い」の再確認と「刺激」

　英語を学び始めたときの想いやWant toがなんだったのかを思い

出すことで、学ぶこと自体がもっと楽しくならないか、見直してみましょう。中だるみのときこそ、誰かに応援してもらう（p. 194）のもお勧めです。

「早く実際に使いたい」という希望が強すぎる人は、アウトプットに偏っているかもしれません。インプットの機会も作った方が「早く効率良く伸びる」と心がけましょう。

「学習時間がない」という人や 挫折しかけた人への処方箋

「いろいろがんばってみたけれど、どうしても時間が取れません」と言う人が時々います。その場合、一体どうしたらいいのでしょうか？ 忙しくて英語学習の優先順位を上げられないままの人もいるでしょう。そんな中でも、何とか英語学習を軌道に乗せるためのきっかけ作りとなるヒントを紹介していきましょう。

(1)「ながら時間」でやれることをやる

　移動時間、ランチタイムなどを活用する、など。

(2) まずは週末だけでも時間を確保する

「毎日やらなくてもOK！」とし、週末にまとまった時間を確保する、など。

(3) 想いや目標を見直し、必要に応じて意図的に優先順位を上げる

　英語での商談、プレゼンを予定に入れてしまう。ごほうびや罰ゲームを用意する、など。

(4)このまま何もしないままのときの、好ましくない将来を想像してみる

　気がついたら部署で自分だけ英語ができず、肩身の狭い思いをしているところをイメージする、など。

　(1)と(2)は、多忙なときでもできる「つなぎ」のような学習スタイルです。ですが、多少の学習でも何もしないときと比べれば雲泥の差になります。

　一方、(3)と(4)は、英語学習の本来の目標や想いを思い出して行動したり、想像力を利用したりする方法です。このようにやると、多忙であっても劇的に学習量が増える場合があります。

　英語学習では、時につまずいてしまったり、やめたくなったりすることもあります。

　そのようなうまくいっていない状態はいつも「反面教師」となります。つまり、そこにはうまくいくためのヒントが眠っています。「もういいや」とやめてしまう前に、以下の「問い」に向き合いながら、立ち直るきっかけを探していきましょう。

(1)英語学習がうまくいっていないのは、何につまずいているからだと感じますか？

(例)

・選んだ教材のレベルや方向性が自分に合っていない

・目標や当初の想いがなんだったのかが、見えなくなっている

・英語学習以外の重要なものを優先せざるを得ない状況だ

(2)(1) を踏まえて、これまでと何か変えられることがあるとしたら、それは何ですか？

（例）

・いままでの方針にこだわらず、レベルや教材のタイプを変えてみる

・目標や学習当初の想いを振り返り、その上で方針を立て直す

・無理をせず、「これならできそう」と思えることだけを続ける（192ページの (1)(2) のアドバイスも参考に）

・いまは英語学習の時期ではないと、勇気をもって一度学習をやめる ――ただし、「一度学習をやめる」場合は、「いまが英語学習の時期だ、と思えるのはどんなときか？」をあわせてイメージしておきましょう。そうすれば、必要なときに英語学習に戻ってこられるはずです。

　このように、自分への「問い」を通じて振り返りましょう。そうすると、自ら納得して、主体的に英語学習を仕切り直すことができます。それもせずに何となくやめてしまうと、英語に対して苦手だった思いや罪悪感、あるいはしっかり取り組まなかったという後味の悪さばかりが残ってしまいます。

自分の応援団を作る

　あなたの英語学習を応援してくれる人はいますか？　それは誰ですか？

　家族や友人、パートナー、会社の仲間など、どなたかの顔が思い浮かんだと思います。思い浮かばない場合は、SNSでつながる人などを思い出してください。その中に応援してくれる人がいるかもしれませ

ん。

　実は英語学習が続いたり、伸びたりする、とっておきの秘訣があります。それは、**あなたの英語学習の進捗を誰かに「報告」すること**です。

　例えば、毎日「今日はこの本を何ページやったよ」と言ったり、書いて伝えたりすること。あるいは家族・友人など身近にいる人に、英語のテストを出題してもらってもいいでしょう。いずれにせよ、誰かに、あなたの英語学習を手伝ってもらうのです。そうすると、継続する可能性は確実に上がります。

　「いや、誰かに学習報告をするなんて恥ずかしい。自分で勉強して、うまくなってからその成果を報告するならわかるけど」と思う人もいるかもしれません。また「山登り型」「波乗り型」と2つに分けて扱ってきたように、進め方には好みがあったりもするでしょう。

　ですが、誰かに報告すること——いわば「応援環境」を整えるメリットは、2つのタイプに関係なく数え切れないほどあります。

応援環境を作るメリット

　「応援環境」とは、「学習の報告」をする相手がいたり、「一緒に学習してくれる」人がいたり、「学習を手伝ってくれる」人がいたりする環境のことです。あるいは「ただ学習に理解を示し応援してくれる」人がいるだけでもいいでしょう。

　こういった「応援環境」を整えるメリットを、4つ紹介しておきましょう。

学習における主体性が高まる

英語学習の目標を周りの人に宣言したり、誰かに学習の報告をしたりするだけでも、ずっと主体的・積極的に学習ができるようになります。これは誰かに伝えることが、英語学習と向き合う意識を高くするからです。

つまり定期的に誰かに報告する機会を作れば、英語学習やその目標により主体的・積極的に関わる姿勢がキープされるのです。

「期待に応えたい」とやる気が上がる

誰かに報告をすることで、「(報告をした相手に)喜んでほしい」「(報告をした相手の)期待に応えたい」という気持ちが生まれます。その心のエネルギーを活用することができます。これは心理学用語で「ホーソン効果」といって、関心を持ってくれる人の期待に応えようとすることです。

期待に応えられないと感じるときは悔しさが勉強を後押しし、期待に応えられたと感じるときは誰かと一緒に喜べるうれしさとなります。このように、孤独なプロセスになりがちな英語学習が、誰かのおかげでやる気のアップにつながるのです。

フィードバックが得られる

誰かへの報告などを続けていると、相手が変化に気づいてくれることがあります。「あれ、前より学習時間が増えてない?」などとフィードバックを得られることで、自分の成長を再認識できます。逆に、手痛いフィードバックを受けることも学習改善のためのきっかけになるでしょう。

■「できなかった」と報告することで学習と向き合える

　仮に学習がうまく進められず、報告する内容がイマイチなときでも「今日は0分でした」などと報告することは、英語学習を継続するための大事なコツです。

　イマイチな内容を報告するだけでも、英語学習と向き合い、学習を見直す機会となります。そうするだけで、翌日以降の学習に良い効果をもたらすのです。

　では、ここで以下の問いに答えてみましょう。

　これまでに「誰かを応援した」ことがありますか？　あるいは誰かに「応援された」経験があるでしょうか？　もちろん、英語学習以外の経験で構いません。

Q.「応援した」「応援された」経験を、まずは思い出してみましょう。それがどんな応援だったか、具体的なことを覚えている人は、書き出しておきましょう。　➡ **特典 Excel シート⑭**

（書き込み例）

「応援した」……子供の勉強（勉強を教えた）、妻のダイエット（ヘルシーな食事に付き合った）、部下への声がけ、SNSで人を励ますコメントをしたり、「いいね」を押したりしてあげた、など。

「応援された」……会社の昇格試験（妻に応援してもらった。試験が

終わったときに家族でディナーに行った）、受験勉強のときは予備校仲間がいてがんばれた、など。

　さて、ではこれまでの経験を思い出すと、これからは英語学習にどんな「応援環境」（誰かへの報告や目標の共有など）を実行できそうですか？

Q. あなたがこれから築けそうな「応援環境」を思い描いて、書き出してみましょう。　➡**特典Excelシート⑭**

＜空欄＞

（書き込み例）
　勉強用のTwitterアカウントを作ってつぶやく。まずは参加するだけで刺激がもらえそうな、SNSのグループに入ってみる。家族に、英語の勉強のことを教えて、反応を見てみる、など。

タイプ別・「応援」のお勧めポイント

「山登り型」は周りからどんどん背中を押してもらおう

　「山登り型」の人は、実績や時間を細かく報告するのが得意です。きちんと真面目に報告・共有することで、周りにも応援してもらいやすい

はずです。

　1人でも淡々と勉強を継続できる強さを持っていますが、さらに背中を押してくれる人、率直なフィードバックをくれる人に応援してもらえると、「頂上を目指そう！」という「山登り型」の持つ性質が良い方向に働くでしょう。

「波乗り型」は周りに気持ちを盛り立ててもらおう

「波乗り型」の人は、誰かから「がんばってますね！」と声をかけてもらえたりすると、「やりたい」という気持ちが高まります。誰かに気持ちを盛り立ててもらうとよいでしょう。

　英語が苦手な「波乗り型」の人ほど、誰かと一緒に勉強するなど、積極的に周りを巻き込みながら学習することをお勧めします。夢中になって取り組む様子は、周りからの応援を集めやすいです。

実践者の紹介　「無理め」な目標を達成できたCさん

　「英語でのチャレンジ」に成功したCさんの例を紹介します。

　Cさん（男性）はもともと英語がまったく口から出てこない状況に悩んでいました。しかし、英語学習の継続を経て成長し、会議でも堂々と発言できるようになったという方。そんなCさんは、仕事とプライベートを兼ねて訪れるニューヨークで、あるチャレンジをしました。

　渡米前、Cさんは私に「取り組んできた英語学習の成果を、せっかくならニューヨークで何かの形で発揮したい」とおっしゃり、どうしたらよいかを話し合いました。そこで、私が「じゃあ、ニューヨークでやりたいことを全部書き出してみましょう！」と促し、ふせんに書き出して

もらいました。

その1つが「現地で、外国人と知り合って英語でデート」というものでした。

その他にも、「NFL（National Football League）の試合を見に行く」というのもあれば、上記の「デート」以外に「飛び込み営業」といった不確実性が高い項目も挙げていました。

さて数日後、ニューヨークで過ごすCさんより、「ミッション完了です」の一言とともに、なんと現地で知り合った女性との2ショット写真が送られてきたのです！

「すごい（笑）」（私の心の声）

私と一緒に決めたミッションをCさんは楽しそうにクリア。焚きつけた私の方がビックリしながらも、報告を楽しく受け取らせてもらいました。

さて、Cさんはなぜこのようなことができたのでしょうか。Cさんがニューヨーク訪問前に行ったことは以下の2つでした。

(1) 目標の設定
(2) 報告（共有）

(1) まずCさん自身が、ハードルが高くても、ワクワクできるような目標を掲げました。ここで、「やりたい」という気持ちを大事にして、現状の能力や可能性にとらわれずに目標を定めました。

(2) その目標を、1人で心に秘めるのではなく、コーチ（つまり、私）と共有しました。これは、「報告」に当たります。それに私が、「面白そう！」と思い切り乗っかりました。

こうなると、物事が動き始めます。さらに、Cさんのミッション達成に向け、私はCさんを応援し、Cさんは自分に課したミッションを、たびたび見返していました。

　このように、目標達成への想いは強化され、目標はより具体的・現実的なものになってきます。当然ながら、Ｃさんの英語力はもちろん、営業力（本職）も、性格もすべてが活かされて、ミッションクリアに至ったのでしょう。

　以上、「報告」することが大きな威力を発揮した例として、Ｃさんのエピソードを紹介しました。

　ここで、1つ踏まえておきたい大切なことは、今回の「報告」を受け取った相手（つまり、私）の反応です。Ｃさんにとって、現状ではやや無理っぽい目標を設定したところで、「えっ、デート？　軽薄な目標ですね」などと私が否定的な反応をしていたらどうなっていたでしょうか？

　アイデアや夢の芽を摘んでしまう存在をドリームキラーと言います。本人はよかれと思って「やめた方がいいよ」などとアドバイスすると、その人はうっかりドリームキラーになってしまうことになります。

　まずは自分自身が、自分のドリームキラーにならないことが第一です。また、誰かへの報告をするときには、その人が自分の勉強や挑戦を応援してくれるかどうか考えてから報告した方がいいでしょう。そうすれば、最初は自分でも半信半疑だった夢や目標が現実のものになっていきます。

あなたに贈る、セルフコーチングを成功させるヒント

　この第6・7章では、皆さんが英語学習を継続し無事に英会話の力をアップできるよう、PDCAサイクルの進め方を紹介してきました。具体的な英語学習計画（Plan）作成の手順から、効率よく学習を進める（Do）ときのコツ、学習状況を上手に振り返る方法（Check）、そして改善する（Action）際に大事にすべき視点を示しました。

本書に掲載している「問い」への答えを書き込めるワークシートや、学習計画を立てる際に役立つ「学習計画カレンダー」「学習進捗管理シート」は、Excelファイルでダウンロードできます。英語学習が、1カ月、2カ月、そして3カ月目に描いたあなたの目標にたどり着くために、どうぞご活用ください。

　本書では冒頭（第1章）で、「セルフコーチング」という言葉を紹介しました。覚えていますか？　「セルフコーチング」とは、自分がまるでコーチになったように自分自身に関わり続けることでした。ここまで読んだあなたは、すでに「あなた自身の最良のコーチになる」ための術の多くを手に入れていますので、安心してください。

　コーチとして大事なことの1つが、学習者の「やる気」に火をつけること、もう1つが学習者が「気づき」を得られる導きをすることであると本書でお伝えしました。本書を読みながら、特に「よし！　今度こそやってやるぞ」と心が動いた箇所や、「あ！　そうやればいいのか」と発見をした箇所があったはずです。「心が動き、発見があった」ということはあなたの「やる気」と「気づき」が確かに刺激された合図です。1度ではなく2度、3度と、その箇所に戻って、自分と向き合う時間を取ってください。きっとそれが有意義な時間になるはずです。

　また、本書のさまざまな箇所に掲載した「問い」がセルフコーチングを助けてくれます。例えば、「何のために英会話力をアップしたいのだろう?」と自分に問いかけることで英語学習に対する「想い」に立ち返ったり、「自分はどんなタイプだろう?」と自分自身の個性を見直したりできます。

　あるいはちょっとうまくいかない週があったら、「今週の自分は何点だったろう?」と「スケーリング」して振り返ってみましょう。振り返った後

は、その「問い」を活用し、「ではもう1点プラスするには何をすればいいだろう?」などと自分自身に尋ね、自分を導くことができるようになっています。

　そのような一連のプロセスを経て、自分への理解が深まるとともに成長を重ねていければ、あなたはどんどん自分の可能性を信じることができるようになります。そうやって、英語がしゃべれる「なりたい自分」に近づくことができます。

「全部の問いを覚えておけないし……」という方は、ぜひお気に入りの「問い」に何度でも戻ってこられるように、ふせんや印をつけておいてください。そのページは必ずあなたの助けになってくれます。

　大丈夫です。あなたなら、**もっと英語がしゃべれるようになりますし、あなた自身を導く、最良のコーチになることができます。**

おわりに

自分のタイプに適した学習法を知り、
自分とは違うタイプを参考に

　私は、もともと典型的な「山登り型」、明確な目標を立て、そこに向かって逆算して計画を立てて積み上げていくタイプです。英会話やTOEICをはじめ、英語の発音矯正、富士登山、フルマラソン、筋トレ、途上国支援のクラウドファンディングなど、すべてが「2、3カ月前に目標を立て」「周りにそのことを公言する」、そうやって目標を達成していくのが自分の成功パターンのようになっていました。

　こうやって書くと、もはや「目標達成オタク」です（笑）。この成功パターンは人生を確実に良い方向へ導いてくれました。とはいえ、目標があると「ついがんばってしまう」ために、無理が生じてプロセスが苦行になってしまい、せっかく取り組んだ物事を好きになれなかったこともありました。

　そんな自分が、英語学習コーチとして活動する中で、「はじめに」（p. 5）でも取り上げた「○○という教材を車で聞き流していたら、英語が聞き取りやすくなって、ちょっとしゃべれるようになりました」という、Aさんという方の衝撃的な報告を耳にしました。この電話でのやりとりをきっかけとして、私は、コーチングという仕事以外でも、徐々に自分が「当然」と思っていることの「外側」の世界を探りたくなり、それまでの自分だったらやらないようなことにトライするという「自分を使った実験」を始めました。

　それは例えば「酔った勢いで、間違うことを気にせず思い切り英語をしゃべろう！」という友人との活動や、目が不自由な方に向けて「音

204

や声だけで英会話の指導をする」というボランティア活動などです。目標などに向かっていく「自分の得意パターン」ではなく、「何が起こるのか想像がつかない」という、自分にとって馴染みのない活動は、当時非常に勇気のいるものでした。ですが、実際に経験してみると、新鮮でかつ充実した気持ちを味わうことができたのです。これは、自分の強みや得意のパターンを知った上で、それらを超えた世界に飛び込んだからこそ得られた感覚です。

　上記のような私個人の経験と、コーチとしての経験とを合わせて思うこと。それは、「自分というものを理解しながら学習を進めることは、自分自身の可能性を大きく開花させてくれる」ということです。

　その「自分を理解する」切り口の1つが、本書で紹介した「自分のタイプを知る」ことです。自分のタイプを知った上で、自分に合う勉強方法や教材を採用すると、学習は確実に進めやすくなります。その方法こそが何より英語学習を継続させる秘訣になります。

　一方で、自分とは違うタイプの勉強方法や教材には、それまでは越えられなかった壁を越えるためのヒントや気づきが眠っています。

　自分のタイプを知り、自分のタイプの特徴を活かしながら、自分とは違うタイプに含まれる「新しい自分を発掘してくれる可能性」にも目を向ける。そのような形で両方のタイプの良さを活かした取り組み方ができると、学びの効果は最大化していくでしょう。

　自分のタイプの特徴を活かして英語学習をスタートし、行き詰まりを感じたときは本書の「自分とは違うタイプ」の箇所にも目を向けてみてください。あなたの助けになる「発見」や「有効なアドバイス」があるはずです。

　英語学習が続かなかった人にとって「3カ月学習が続いた」となれ

ば、とても価値のあることでしょう。確実に自信や誇りにつながります。また英語学習を継続する過程で、自分と向き合い、日々「勉強できた」という体験を重ねていくことで、英語以外にも通じる成功や目標達成の仕組みがわかってきます。

　英語学習のプロセスは人生を変える可能性を秘めています。英語学習のプロセスにはそれほどの価値があると思っているからこそ、まずは3カ月学習が続くように、あなたの「タイプ」をうまく利用する方法をご紹介しました。

　もちろん英会話の勉強は「3カ月続いたら終わり」ではなく、その後も継続しなければうまくなりません。本書を通じて、勉強を続けられるようにするための「あなたなりのコツ」をつかめれば、その後の英語学習の継続にも大いにお役立ていただけるはずです。

　はっきり言ってしまうと、英会話の力とはコミュニケーションの「武器」になる一方で、単なる「ツール」でしかありません。英語学習を続け英語力をアップすることは、その先の人生がさらに輝くための序章にすぎないのです。

「英語学習が続けられない」という足かせから解放されて、あなたの本当の魅力が輝くのはここからです。

　最後に、本書を書くにあたってお力添えくださった方々へのお礼をお伝えします。本書の帯に快く推薦文をお寄せくださった東京大学教授の池谷裕二先生、英語学習コーチングの素晴らしさを教えてくれた前職場「語学コーチングスクール PRESENCE」でお世話になった皆さま、メンタルコーチングの師匠である宮越大樹さん、出版を形にしてくださった株式会社アルク出版編集部の朝熊浩さんと編集者の高橋清貴さん他関係者の皆さま、本書を作成するにあたり取材をさせていた

だいた英語学習者の皆さま、昼夜問わず相談に乗ってくれ、表紙（帯）の写真を撮影してくれた夫の坂本勝俊に、心から感謝しております。

　ありがとうございました。

2020年6月　　　　　　　　　　　　　　　　　　　船橋由紀子

主要参考文献

『英語教師のための第二言語習得論入門』
　　（白井恭弘 著、大修館書店）
『英語学習のメカニズム　第二言語習得研究にもとづく効果的な勉強法』
　　（廣森友人 著、大修館書店）
『第二言語習得論に基づく、もっとも効率的な英語学習法』
　　（佐藤洋一 著、ディスカヴァー・トゥエンティワン）
『外国語を話せるようになるしくみ　シャドーイングが言語習得を促進するメカニズム』
　　（門田修平 著、サイエンス・アイ新書）
『やっぱり英語をしゃべりたい！──英語負け組からの華麗なる脱出法』
　　（中尊寺ゆつこ 著、祥伝社）
『小学生の勉強法』
　　（石田勝紀 著、新興出版社啓林館）
『実務入門 NLP の実践手法がわかる本』
　　（山崎啓支 著、日本能率協会マネジメントセンター）
『成功するのに目標はいらない！──人生を劇的に変える「自分軸」の見つけ方』
　　（平本相武 著、こう書房）
『人生を決める「成長スイッチ」を ON にする！1年前と変わっていないあなたへ』
　　（古川武士 著、PHP 研究所）
『〈はじめて部下を持つ人のための〉コーチングがやさしく身につく物語』
　　（飯島秀行 著、日本実業出版社）
『勉強脳のつくり方 親子で学ぼう！脳のしくみと最強の勉強法』
　　（池谷裕二 著、日本図書センター）

プロフィール

船橋由紀子 ふなばしゆきこ

英語学習コーチ・メンタルコーチ。(株)インターナル・ドライブ代表取締役

立教大学経済学部卒業後、文学座附属演劇研究所を経て、役者・MC・ナレーターの道へと進む。2008年、リーマンショックの際に逆境を味わったことをきっかけに31歳で英語学習に一念発起。短期間の猛勉強でTOEICのスコアアップに成功。

2010年、当時はまだ珍しかったコーチング型英語指導スクールに転職し、コーチの道を歩むことに。スクール在籍7年間で4000名の英語指導に関わる。スクール主催の英語スピーチコンテストでは、4年連続担当受講生を優勝に導いたり、『週刊ダイヤモンド』(ダイヤモンド社)のTOEIC特集に取り上げられたりするなど実績を積む。

2017年独立。独立前から学びを深めていたアドラー心理学やNLP(神経言語プログラミング)の知識を活用し、学習者に合った英語学習の指導を提供。明るいキャラクターと的確な指導力に定評がある。2カ月間のTOEIC企業研修では200点アップを実現した学習者を続出させており、英会話コーチングでは多くの経営者を顧客に持つ。

NLPマスタープラクティショナー。アドラー心理学に基づいたコーチングを学べる「アナザーヒストリー」のプロコーチ養成スクール修了。同スクール認定コーチ。

ウェブサイト:yk53.jp/

超コーチング式英会話上達法

発行日:2020年7月20日(初版)

著者:船橋由紀子
編集:株式会社アルク 出版編集部
編集協力:高橋清貴
イラスト:タカイチ
校正:足立恵子
カバー・表紙デザイン:
　小口翔平＋岩永香穂(tobufune)

本文デザイン・DTP:伊東岳美
印刷・製本:萩原印刷株式会社

発行者:天野智之
発行所:株式会社アルク
　〒102-0073
　東京都千代田区九段北4-2-6市ヶ谷ビル
　Website:https://www.alc.co.jp/

落丁本、乱丁本は弊社にてお取り換えいたしております。Webお問い合わせフォームにてご連絡ください。
https://www.alc.co.jp/inquiry/

● 本書の全部または一部の無断転載を禁じます。 ● 著作権法上で認められた場合を除いて、本書からのコピーを禁じます。 ● 定価はカバーに表示してあります。 ● ご購入いただいた書籍の最新サポート情報は、以下の「製品サポート」ページでご提供いたします。
製品サポート:https://www.alc.co.jp/usersupport/

地球人ネットワークを創る

アルクのシンボル
「地球人マーク」です。

©2020 Yukiko Funabashi/ ALC PRESS INC.　Printed in Japan.
PC:7020057　ISBN:978-4-7574-3642-8